RELACIONES DE DEPENDENCIA ENTRE FLORIDA Y ESTADOS UNIDOS
(1783-1820)

TRABAJOS MONOGRÁFICOS SOBRE LA INDEPENDENCIA DE NORTEAMÉRICA

4

Estos trabajos han sido realizados bajo los auspicios del Comité Conjunto para Asuntos Educativos y Culturales establecido en virtud del Tratado de Amistad y Cooperación entre España y los Estados Unidos de Norteamérica de 24 de enero de 1976

RELACIONES

DE

DEPENDENCIA ENTRE FLORIDA Y ESTADOS UNIDOS

(1783-1820)

POR

PABLO TORNERO TINAJERO

MINISTERIO DE ASUNTOS EXTERIORES

DIRECCIÓN GENERAL DE RELACIONES CULTURALES

MADRID

© PABLO TORNERO TINAJERO, 1979.

MINISTERIO DE ASUNTOS EXTERIORES, Madrid.

Depósito Legal: M. 9385 - 1979.

ISBN 84-85290-11-9.

Impreso en España. Printed in Spain.

Gráficas Cóndor, S. A.,

Sánchez Pacheco, 81, Madrid, 1979. — 4960.

A mi hijo Pablo.

«La España prevé que la América deberá ser su enemiga por naturaleza y tan formidable que sacudirá la base de su Imperio español en Indias. Ambas Floridas y Luisiana por su situación, por su corta población y por su deficiencia en agricultura deberán con el tiempo caer bajo el dominio de los Estados Unidos.»

(Papel Periódico, New York, 7 abril de 1786.)

«La libertad de conciencia, la facilidad de establecer una población nueva en terrenos inmensos, así como las ventajas de su gobierno naciente, les atraerá agricultores y artesanos de todas las naciones y dentro de pocos años veremos con verdadero dolor la existencia tiránica de este coloso del que voy hablando. El primer paso de esta potencia, cuando haya engrandecido, será el apoderarse de las Floridas, a fin de dominar el Golfo de México.»

(Aranda a Carlos III. Apud. Coxe, Guillermo, *España bajo el reinado de la Casa de Borbón*, Madrid, 1847. Tomo IV, pág. 435.)

PRÓLOGO

No somos aficionados a redactar Prólogos. Máxime cuando ya el autor dio a conocer algo que llevaba esas preliminares palabras firmadas por nosotros. Mas, la verdad es que, a pesar de esta falta de proclividad a convertirnos en autor de Prólogos, tenemos la satisfacción de figurar al lado de un autor cuyos pasos historiográficos iniciales hemos ayudado a dar. Hablar de él y tratar de su libro, es hablar de nosotros mismos. Señalar sus fallos o resaltar sus méritos es echarnos sombra o luz sobre nosotros mismos. De ahí que en casos como éstos —el haber sido el director de tesis— escribamos con sumo gusto estas líneas para salir a la palestra americanista haciendo el paseíllo con el autor. Con él afrontamos lo que haya que afrontar y recogeremos lo que haya que recoger.

Estamos ante un asunto cuyo escenario, cronología y temática, resultan nítidamente definidos. El escenario es el de la Florida peninsular, la denominada Florida Oriental. Cronológicamente el tiempo abarcado, tiempo corto, va de 1783 a 1820. Dos hitos inolvidables en Historia Universal: cuando nacen los Estados Unidos de América del Norte y cuando están a punto de consolidar su independencia política los estados hispanoamericanos. La temática pone su atención en la dependencia y, finalmente, absorción de la citada Florida por el gran y recién nacido vecino. Éste, en sus balbuceos, está aplicando lo que se denominará por Jefferson «doctrina de los intereses supremos», que le conduce a engullir Luisiana y Florida. La dependencia de Florida, posesión española, de los E. U. A. era eminentemente económica, hecho que traía aparejada la subordinación territorial.

La Florida, al igual que Cuba, era una pieza más de la cerradura del Golfo de México; dentro del complejo de la frontera marítima se alzaba como un baluarte defensivo; al igual que Cuba la Florida podía ser un vigía del futuro canal a construir en América Central. El destino le ha reservado para estos años del siglo XX un nuevo papel estratégico en la exploración y vigilancia espacial.

Pero en la Florida durante el período español no eran fuertes las autoridades, ni existían poderosas guarniciones, ni su población hispana ofrecía peso demográfico de consideración. Aunque era una «casi isla» (una península), sin embargo la Florida no estaba aislada, sino bien soldada al continente. Y estaba unida a los E. U. A. a quien le interesaba el territorio para completar su espacio continental y asegurar su seguridad. Cómo se llegó a ello es historia conocida, pero que vamos a sintetizar, por lo que a política internacional se refiere, para encuadrar o situar el hecho aquí historiado.

Los grandes acontecimientos europeos e hispanoamericanos habidos entre 1808 y 1824, y que marcaron el destino de los países americanos de origen hispano y trajeron notables cambios políticos en Europa, dejan un tanto en la sombra el destino de algunas tierras de América que, aunque no alcanzan la independencia, cambiaron de dueño. Es el caso de la Florida, cuyo futuro vino determinado, entre otros factores, por el expansionismo estadounidense y la coyuntura europea citada.

Se imponen unas fijaciones cronológicas previas y unas aclaraciones geográficas, para entender un proceso que siempre, aparte de marginado, aparece enmarañado. Hemos de partir del Tratado de París (1763) por el cual Francia cedió a España la Luisiana, y a Inglaterra todos los territorios al Este del Río Mississipi. También Gran Bretaña se hizo con las dos Floridas. Dos Floridas que comienzan a existir entonces al organizar Inglaterra sus nuevas posesiones. Al territorio peninsular, que limitaba al Oeste con el Golfo de México y el Río Apalachicola, se llamó Florida Oriental: La Florida por excelencia, la descubierta por Ponce de León, cuya capital era San Agustín. Como Florida Occidental los ingleses consideraron a la zona que iba de E. a O. desde el Río Apalachicola al Río Mississipi, y al N. limitaba por el paralelo 31º. Al año siguiente se le añadió al territorio el espacio comprendido entre el citado paralelo y la desembocadura del Río Yazú. Pensacola, Mobila y Natchez eran las principales localidades de esta otra Florida.

Veinte años más tarde, a raíz de lograr los E. U. A. su independencia (1783), España volvía a ser dueña de las dos Floridas. Las fricciones con los recién nacidos E. U. A. iban a surgir pronto porque el territorio por su condición de fronterizo era un obstáculo al expansionismo estadounidense. España se dedicó a fomentar las relaciones y el comercio con los indígenas en un intento de poner vallas al vecino.

En 1795, año en que España por el Tratado de Basilea cede a Francia toda la Isla Española, cede también a E. U. A. por el Tratado de San Lorenzo del Escorial el territorio al norte del paralelo 31° y la orilla izquierda del Río Mississipi al tiempo que reconocía el derecho de navegar por tal río.

En 1800 España traspasa Luisiana a Francia que ésta, en 1803, vende a E. U. A. sin que valieran nada las protestas de España. Es en este instante cuando surgen las diferencias con E. U. A. al estimar éstos que dentro del territorio de Luisiana entraba la Florida Occidental o zona al Oeste del Río Perdido. Ni España ni Francia daban por válidos los argumentos de Washington.

Pero el destino de las dos Floridas estaba marcado desde 1783. Su anexión fue una obsesión del presidente Jefferson y posteriores sucesores. La anexión la exigían los intereses —«intereses supremos»— de un país que deseaba lograr la unidad continental y completar sus fronteras terrestres con otras marítimas, y para evitar —decían— el aposentamiento de otra potencia y que España fuera la única controladora del canal de las Bahamas. A estos propósitos oficiales se unían los de los pobladores norteamericanos de Georgia y Tennesse ansiosos de lograr más tierras, y el deseo de los colonos estadounidenses autorizados a radicarse en la Florida y que soñaban con la expulsión de los españoles. El destino de las Floridas era ya a principios del XIX un «destino manifiesto».

La táctica, estrategia o política norteamericana para lograr la absorción la dictarán Jefferson y seguidores. Será la observada más tarde en los casos de Cuba o Texas. Oficialmente el gobierno de Washington lo expresará en actas del Congreso, resoluciones y envío de misiones. Washington consideró que el territorio ambicionado debía de estar en manos débiles (España) y que había que esperar pacientemente a la ideal coyuntura. Mientras, si era preciso, se negociaban, y se toleraban, incitaban o fomentaban, revoluciones locales que podían degenerar en movimientos independentistas. A ellos seguiría, por parte de los revolucionarios, la solicitud de anexión a E. U. A.

Las circunstancias favorecedoras iban a ser muchas. En primer lugar estaba el tratado de equívoca cláusula, comprando la

Luisiana. La adquisición de Luisiana, precisamente, empujaba a la anexión de la Florida. La coyuntura indónea surgiría en 1808. La invasión de España por Francia y el estallido revolucionario de Hispanoamerica iban a acentuar la incapacidad de España para sostenerse en las Floridas, cuya población y guarniciones no eran socorridas suficientemente. Aprovechando la gradual desintegración de la soberanía española, los norteamericanos arreciaron en sus presiones diplomáticas, penetración pacífica o, llegado el caso, intervención militar. Las Floridas caerían en el regazo de E. U. A., como fruta madura, por lo dicho, y en el caso de la Florida Oriental, además, por unos motivos que este libro analiza.

Primero cayó una parte de la Florida Occidental. Al pertinaz Jefferson, sucedió en 1804 Madison, que mantendría la misma postura por lo que se refiere a la anexión de Las Floridas. En 1810, y al conjuro de los sucesos habidos en 1808 en el mundo hispánico, en Baton Rouge se dio un alzamiento que pudiera recordar lo que estaba aconteciendo en el Sur. La diferencia, entre otras, radicaba en que los alzados, tras proclamar la independencia, pidieron la anexión a E. U. A. El mismo gobernador Vicente Folch, imposibilitado de sofocar la rebelión, y viéndose desatendido, escribió al gobierno de E. U. A. ofreciéndole el territorio. Luego dio marcha atrás. Pero su gesto sería una espoleta para los sucesos en la Florida Oriental. Sin entrar en detalles —son muchos— diremos que el presidente Madison (1810) dio órdenes para que tropas de E. U. A. ocupasen el territorio entre el Río Mississipi y el Río Perdido. El gobierno de Washington seguía pensando que la Florida Occidental formaba parte de la Luisiana y que por gesto gracioso se había permitido siguiera vigente en ella la soberanía española, pero que llegado un momento de crisis subversiva se imponía su ocupación para evitar que el lugar de España lo ocupara otra potencia europea. El Congreso norteamericano, en 1811, autorizó al Presidente a tomar el territorio cuestionado.

La Florida Oriental no podía librarse de un similar destino. Un Comisionado —un tal Mathews—, un caudillo —John McIntosh— y una velada garantía de apoyo militar y naval, aseguraron el éxito de los «revolucionarios» floridanorientales. En marzo de 1812 desembarcaron los «patriotas» en la isla Amalia, alentados por las promesas de tierras, libertades religiosas, etc. La rendición española fue seguida del conocido ceremonial: proclamación de la República de Florida y solicitud de anexión. Inmediatamente se sitió la plaza de San Agustín.

La protesta oficial española, por boca del encargado Luis de Onís, sumió en un dilema a Washington: aceptar lo consumado o desautorizarlo. Se acabó desaprobando lo hecho por Mathews, que fue sustituido por un tal Mitchell, gobernador de Georgia, al que se le ordenó no retirar tropas, abrir negociaciones y mantener la ocupación. Los españoles se negaron a tratar con Mitchell, en tanto en cuanto no se llevase a cabo la evacuación de los invasores. Pero los ataques de los indios y el estallido (1812) de la guerra con Gran Bretaña aconsejaban la permanencia en Florida. Muchos políticos pensaban que si en la contienda desatada se ganaba el Canadá, más que nunca interesaba anexionar la Florida al Sur para compensar el crecimiento del Norte. Sin embargo, el proyecto de ocupación por la fuerza fue derrotado en el Congreso. Se imponía la espera. En 1814 la «revolución» de la Florida Oriental, carente de apoyo oficial, se extinguió. Tres años después Monroe ocupó la presidencia; él y su secretario de Estado John Quincy Adams alcanzarían el objetivo en 1819. Antes hubo tiempo para el desarrollo de pintorescos hechos. En 1817 desde Baltimore el aventurero Gregor McGregor, irlandés al servicio de Venezuela, atacó San Agustín con una fuerza expedicionaria; al poco, es francés con patente del gobierno mexicano, llegó con otra expedición. Pero E. U. A. se encargó de poner las cosas en su sitio y dejar bien sentado que si la Florida cesaba de ser española sería para ser norteamericana. Y así fue. En vísperas de zarpar la gran expedición de Morillo hacia Suramérica, Madrid pensó que cediendo su precaria posesión podría obtener el neutralismo de E. U. A. en el problema hispanoamericano, y la firma de una paz duradera. El 22 de febrero de 1819 se firmó el tratado de cesión fijándose el Río Sabine como el límite con Texas, que aún era española. San Agustín vivió la ceremonia del traspaso en julio de 1821.

Esto, repetimos, es sabido. Menos sabidos o conocidos son una serie de agentes o circunstancias internas floridanas que también hacían irreversible su absorción. De ello tratan las páginas que siguen. Pablo Tornero estudiando determinados factores demográficos y económicos nos conduce hacia ese «destino manifiesto» o «destino fatal» (no fatalista) que empujaba a la Florida peninsular u oriental a formar parte de la Unión de Estados Americanos.

Dos, hemos dicho, son los factores que Pablo Tornero estudia para explicar la «norteamericanización» de Florida o la pérdida de Florida por España. Puede parecer que lo haya hecho por aquel deslumbramiento que los autores principiantes experimentan ante los ingredientes sociales y económicos caros a una historiografía que se considera de última hora. Puede ser que sea así. En tal caso, pensamos en voz alta, el hombre, que es sociedad, ciertamente porta un esófago; pero no sólo esa víscera es el ser humano. Por eso, aceptando que una demografía y una economía sientan de modo decisivo el devenir de la Florida, no menos verdadero es que también su enclave es fundamental o decisorio. Mas, será igualmente un dislate jugar a tener sólo en cuenta el factor geográfico para explicar una historia. Son muchos los factores que pesan al igual que en el hombre son muchos los elementos que intervienen para empujarlo hacia uno u otro destino. En primer lugar su voluntad.

Personalmente nos hubiera gustado que este libro abarcase más aspectos, que no se limitara tan sólo a la población y a la economía, aunque estos elementos marcasen decisivamente el destino histórico de la Florida. Que eso, el destino histórico de la península floridiana, es lo que Pablo Tornero ha pretendido estudiar, lográndolo plenamente. Que a nosotros nos hubiera gustado ver tocados más aspectos es harina de otro costal y no constituye una crítica. Ni mucho menos. ¿Por qué? Porque sabemos que las fuentes no permitían más y porque ese y no otro, fue el objetivo que se trazó el autor.

Pablo Tornero ha hecho dos salidas al campo historiográfico, con dos trabajos impresos, superándose cada vez más. Tras estos dos encomiables ejercicios de investigación, nuestro autor, lo creemos, va a poner su mira en una pieza enjundiosa. Estamos seguro de ello. Al cabo de tres o cuatro años los moldes de imprenta volverán a moverse para imprimir un tercer libro redactado por quien ahora firma esta contribución al Bicentenario de la Independencia de los E. U. A. Si grande es nuestra satisfacción en este instante, mayor lo será, si cabe, en ese entonces. Cualidades, vocación y empeño de superarse no le faltan a Pablo Tornero. Le sugerimos que sea lo suficientemente hábil para escoger un tema que esté acorde con esas cualidades suyas. Que así sea.

Sevilla, febrero de 1979.

FRANCISCO MORALES PADRÓN

INTRODUCCIÓN

En 1763 España entregaba Florida, que le pertenecía desde el siglo XVI a Gran Bretaña. De esta dominación el territorio en cuestión heredaba —además de otras muchas facetas que iban a tener una importancia decisiva en su próximo devenir histórico— la división en Oriental y Occidental, división que continuó cuando fue nuevamente devuelta a España en 1783. La parte Oriental en esa segunda etapa española es el objeto de este estudio [1].

El caso de Florida ofrece un interés especial si se contempla no como un hecho aislado, sino en sus relaciones con los Estados Unidos, entendiendo el término relaciones como serie de influencias de todo tipo de esta nación con respecto a la Gobernación española, puesto que con ese enfoque se puede descubrir realmente cuáles fueron los móviles que marcaron e hicieron posible su proceso histórico y cuáles las fuerzas que determinaron su postrer destino, lo que en definitiva llevará a comprender su historia.

---

[1] Realmente lo llamado en la época Florida Oriental era el país propiamente floridano, pues aunque existía otro territorio llamado Florida Occidental —en sentido más histórico que geográfico— era una prolongación de la Luisiana de la que dependía administrativa, hacendística y políticamente. No era, pues, un país autónomo con sus propias instituciones, sino que, volvemos a repetir, era una prolongación territorial del gobierno de Nueva Orleáns. Sólo cuando Luisiana pasó a los Estados Unidos se estableció una gobernación en Pensacola. Sin embargo, los sucesos históricos subsiguientes, al integrarse una gran parte de este territorio llamado Florida Occidental en la Unión dejaron a la parte occidental de la provincia con sólo la ciudad de Pensacola y sus aledaños. Por todo ello es del todo punto necesario estudiar a la llamada Florida Occidental dentro de Luisiana, y entender por Florida a lo que vino a ser la parte oriental.

Con ello se logrará, además, un mejor conocimiento de la América colonial al hacer ver cómo por esos años una nueva potencia —naturalmente, los Estados Unidos— irrumpe en esta parte del continente trastocando el equilibrio político y económico hasta entonces mantenido y en suma, creando un nuevo orden americano.

Así pues, el fin primordial del trabajo es analizar el caso histórico en cuestión como un modelo de dependencia de un área marginal con respecto a otra desarrollada —los Estados Unidos de América— que terminará absorbiéndola. Pero no bastará decir que Florida fue dependiente, sino que habrá de determinarse en virtud de qué causas llegó a serlo y cuáles fueron las consecuencias.

En lo referente a la cronología, el presente estudio va de 1783 a 1820. Aparte de que venía exigida por la propia duración de la segunda dominación española en Florida, estas fechas enmarcan un período muy importante tanto para la América española en general como para Florida en particular y también para los Estados Unidos.

En 1783 España, además de recuperar Florida en el tratado de Versalles de manos inglesas, conoce el momento de su máxima ocupación territorial en el continente americano. Por otro lado, en 1820 no sólo se ve obligada a vender el país floridano a los Estados Unidos, sino que asiste al derrumbe de su imperio americano.

Al tiempo, entre estos años, se encierra un período fundamental para la historia de los Estados Unidos. El año 1783 Inglaterra concede la independencia a sus antiguas trece colonias y surgen los Estados Unidos de América. En 1820 culminan su primera etapa histórica con la definitiva emancipación —esta vez económica— de Inglaterra, después de la guerra sostenida entre ambas naciones y que finalizaría con la victoria en 1814 de las armas norteamericanas. Igualmente 1820, año en que Florida es incorporada a la Unión, es la fecha que marca los precedentes de aquello que vendría en llamarse «destino manifiesto»; en realidad esta citada incorporación era una de sus primeras manifestaciones.

Para llegar a los objetivos propuestos se impone un plan de trabajo en el que se analicen las facetas más importantes del territorio con el fin de demostrar cómo cada una de éstas contri-

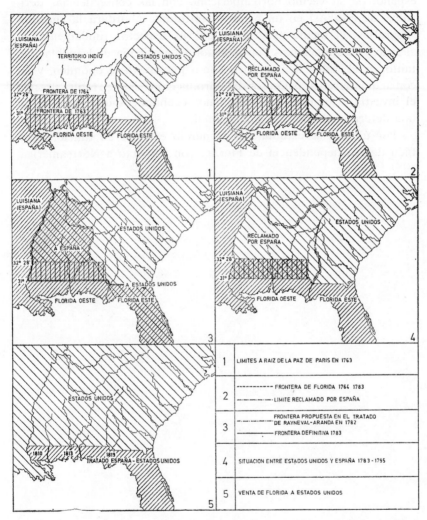

Las fronteras de Florida: 1763-1819. De la obra de Francisco Morales Padrón, *Atlas de Historia de América.* (En preparación)

buyen de una manera específica a hacer dependiente el territorio español de su vecino norteamericano con las consecuencias derivadas de ello. Así en un primer capítulo se abordará la cuestión geográfica, el medio geográfico, en sus aspectos fundamentales: el sitio y la situación. A continuación el problema de la población, tanto en el orden demográfico como puramente económico, y su consiguiente repercusión sobre la producción, ya que resulta preciso el investigar los distintos fenómenos económicos que resultan de una determinada política poblacional.

Por último, se estudiará el comercio exterior en función también de esa dependencia de Florida con respecto a Norteamérica.

LAS FUENTES

A) DOCUMENTALES

La escasez prácticamente absoluta de bibliografía hace que el presente estudio esté realizado con fuentes puramente documentales. Esta ha sido recogida en su totalidad del Archivo General de Indias. Las Secciones que de este repositorio se han consultado son las siguientes:

CUBA.—Para seleccionar los legajos de esta Sección referentes al problema que estudiamos hemos contado con la obra de Roscoe Hill: *Descriptive Catalogue of the documents relating to the History of the United States in the Papeles Procedents de Cuba deposited in the Archive General de Indias at Seville.* De entre éstos hemos examinado fuentes de tipo cuantitativo y cualitativo. De las primeras, hemos consultado todas las series correspondientes a la Real Hacienda de la Caja Real de San Agustín entre 1783 y 1820, fijándonos detenidamente en los Libros Manuales de Caja de las Aduanas de San Agustín y de la Isla Amalia que nos proporcionaron todo el material necesario para el estudio del tráfico entre los años mencionados. También hemos recogido información de tipo cuantitativa en Censos de población y diversos datos sobre esto mismo referidos al territorio estudiado.

En el orden cualitativo hemos examinado la correspondencia entre los Oficiales Reales de la Hacienda floridana y el Gobernador del territorio; igualmente las cartas intercambiadas entre los

Gobernadores y distintas autoridades en España y América sobre todo con el Capitán General de Cuba [2].

SANTO DOMINGO.—De ella hemos entresacado: Descripciones de la «provincia»; informes de particulares sobre las condiciones generales del país; correspondencia eclesiástica, y visitas, documentación esta última muy útil para el capítulo de la población.

INDIFERENTE GENERAL.—La información proporcionada por este apartado nos ha acercado a diferentes cuestiones relacionadas con la historia de los Estados Unidos después de haber estudiado diversa correspondencia de los embajadores españoles en este país con el Capitán General de Cuba. Al tiempo se han visto otros documentos que completan la información más concreta proporcionada por las otras Secciones [3].

Un planteamiento de las fuentes y su crítica de una manera más específica lo efectuaremos en los respectivos capítulos.

---

[2] Administrativamente, regía los destinos de esta provincia española un Gobernador, máxima autoridad política, militar y hacendística y que sólo en teoría dependía de la Capitanía General de Cuba, ya que realmente tomaba sola las decisiones. En el plano de la Hacienda existía para el país una Caja Real que controlaba las dos aduanas del territorio situadas en los puertos de San Agustín y Santa María, esta última establecida en la Isla Amalia; todo este «aparato» regulador de la economía floridana estaba servido por una serie de funcionarios establecidos en el país y que sólo respondían ante el Gobernador de sus cuentas.

[3] Los legajos consultados de las distintas Secciones llevan las siguientes signaturas:

CUBA: 5, 7, 16, 17, 121, 150, 184, 292, 295, 296, 298, 299, 302, 303, 308, 310, 311, 312, 313, 316, 317, 318, 321, 323, 325, 327, 332, 333, 334, 335, 388, 396, 403, 404, 409, 419, 433, 434, 440, 441, 473, 485, 569, 1291, 1437, 1560, 1708, 1710, 1789, 1791, 1792, 1797, 1836, 1837, 1876, 1931, 2223.

SANTO DOMINGO: 1285, 1637, 2188, 2189, 2587, 2599, 2600, 2668, 2670, 2673, 2676.

INDIFERENTE GENERAL: 1603, 1606.

B) BIBLIOGRÁFICAS

Las fuentes específicas, de este tipo, para el trabajo que nos compete son inexistentes. Eso sí, contamos con determinadas obras que de alguna forma nos introducen en el tema. Ello presenta, al tiempo, ventajas e inconvenientes. Ventajas porque le dan al estudio una novedad absoluta, pero también tienen el riesgo de que nos debamos enfrentar a la investigación sin contar con un adecuado respaldo. El material bibliográfico utilizado ha sido el siguiente:

ABERNETHY, Thomas P.: *Florida and the Spanish Frontier, 1811-1819*. En «The Americanization of the Gulf Coast». Pensacola, 1972.

ACOSTA RODRÍGUEZ, Antonio: *La población de Luisiana (1763-1803)*. Tesis sin publicar. Sevilla, 1976.

ADAMS, J. T.: *Atlas of American History*. New York, 1943.

AKERMAN, J.: *Estructuras y ciclos económicos*. Madrid, 1960.

ALTAMIRA, R.: *Historia de España y la civilización española*. Barcelona, 1928.

ANES ÁLVAREZ, Gonzalo: *Las crisis agrarias en la España moderna*. Madrid, 1970.

ANTÚNEZ ACEVEDO, R.: *Memorias históricas sobre la legislación y gobierno del comercio de los españoles con sus colonias en las Indias Occidentales*. Madrid, 1797.

ARMAS MEDINA, Fernando: *Luisiana y Florida en el reinado de Carlos III*. «Estudios Americanos», 100. Sevilla, 1960.

ARMILLAS VICENTE, José A.: *Relaciones diplomáticas entre España y los Estados Unidos a fines del siglo XVIII. 1789-1802*. «Estudios del Departamento de Historia Moderna». Zaragoza, 1973.

ARMYTAGE, F.: *The Free Port System in the British West Indies*. London, 1953.

ARTOLA, M.: *América en el pensamiento español del siglo XVIII*. «Revista de Indias», núms. 115-118. Madrid, 1969.

BARREDA, Fernando: *Comercio marítimo entre los Estados Unidos y Santander*. Santander, 1950.

BÉCKER, Jerónimo: *La cesión de las Floridas*. «Revista España Moderna». Tomo 240, s. a.

— *Historia de las relaciones exteriores de España durante el siglo XIX*. Madrid, 1924.

BEMIS, Samuel F.: *A diplomatic history of the United States*. New York, 1942.

BERNAL, A. M., y GARCÍA-BAQUERO, A.: *Tres siglos del comercio sevillano (1598-1868)*. Sevilla, 1976.

BILLINGTON, R. A.: *The Westward Expansion*. New York, 1949.

BITAR LETAYF, Marcelo: *Economistas españoles del siglo XVIII*. Madrid, 1968.

BJORK, Gordon C.: *The weaning of the American Economy: Independence market changes and economic devoplement*. «Journal of Economic History», XXIV, núm. 4 (1964).

BLOCH, M.: *Introducción a la Historia*. México, 1952.

BRAUDEL, F.: *Las civilizaciones actuales*. Madrid, 1973.

— *El Mediterráneo y el mundo mediterráneo en la época de Felipe II*. México, 1953.

BROWN, Ralph H.: *Historical Geography of the United States*. New York, 1948.

BURNETT, E. C.: *Note on American negotiation for commercial treaties, 1776-1786*. «American Historical Review», XVI, 1911.

CALDERÓN QUIJANO, J. A.: *Los Virreyes de Nueva España en la época de Carlos IV*. Dirección y estudio preliminar por .... Sevilla, 1972.

CLAUDER, Anna.: *American commerce as afected by the wars of the French Revolution and Napoleon (1793-1812)*. Clifton, 1972.

COASTWORTH, John A.: *American trade with European colonies in the Caribbean and South America. 1790-1812*. «William and Mary Quarterly», volumen XXIV, núm. 2. Abril, 1967.

COKER, William S., y HOLMES, Jack: *Sources for the history of the Spanish Borderlands*. «Florida Historical Quarterly», 49, 1971.

COOK, S. F.: *Essays in population history: México and the Caribbean*. Berkeley y Los Ángeles, 1971.

CORBETT, Theodore: *Migration to Spanish Imperial Frontier in the Seventeenth-Eighteenth Centuries: St. Augustine*. «Hispanic American Historical Review». Vol. 54, núm. 3. Agosto, 1974.

CORTÉS ALONSO, Vicenta: *Geopolítica del sureste de los Estados Unidos (1750-1800)*. «Revista de Indias», 12, 1952.

COX, Isaac: *The Pan-American Policy of Jefferson and Wilkinson*. «Missisipi Valley Historical Review». I, 1914.

COXE, Guillermo: *España bajo el reinado de la casa de Borbón*. Madrid, 1847.

CURLEX, Michel J.: *Church and state in the Spanish Floridas (1783-1822)*. Washington, 1940.

CHATELAIN, V. E.: *The Defenses of Spanish Florida*. Washington, 1941.

CHAUNU, Pierre et Huguette: *Seville et l'Atlantique*. París, 1955-1960. 9 vols.

CHAUNU, Pierre: *L'Amerique et les Ameriques*. París, 1964.

— *Histoire Quantitative ou Histoire Serielle*. Tomo III. Cahiers Wilfredo Pareto, 1964.

— *L'Histoire serielle, bilam et perspective*. «Revue Historique», núm. 2, 1970.

D'A JONES, Peter: *An economic history of the United States since 1783*. London, 1964.

DANIELS, G. W.: *American cotton trade with Liverpool under the Embargo and Non-Intercourse Act*. «American Historical Review». T. XXI, núm. 237.

DIBBLE, Ernest F., y EARLE, W. Newton: *Spain and her rivals of the Gulf Coast*. Pensacola, 1971.

DUNKLE, Jonn R.: *Population change as an element in the historical geography of St. Augustine.* «Florida Historical Quarterly», vol. 37 (1958-1959).

DOMÍNGUEZ ORTIZ, Antonio: *La sociedad española en el siglo XVIII.* Madrid, 1953.

FAULKNER, H. V.: *Historia económica de los Estados Unidos.* Buenos Aires, 1956.

FLEURY, M., y HENRY, L.: *Des registres paroissiaux a l'histoire de la population: manuel de dépouillement et d'exploitation de l'etat civil ancien.*

FONER, Philip S.: *A history of Cuba ans its relations with the United States.* New York, 1962.

FONTANA, LÁZARO, J.: *Colapso y transformación del comercio exterior español entre 1792 y 1827.* «Moneda y Crédito», núm. 115, 1970.
— *La quiebra de la monarquía absoluta.* Barcelona, 1971.

FORBES, J. G.: *Sketches, historical and topographical of the Floridas.* Gainesville, 1964. A facsimile reproduction of the 1821 edition.

FRANCO, J. Luciano: *Revoluciones y conflictos internacionales en el Caribe.* La Habana, 1965.

GARCÍA-BAQUERO GONZÁLEZ, Antonio: *Comercio colonial y guerras revolucionarias.* Sevilla, 1972.
— *Comercio colonial y producción industrial en Cataluña a fines del siglo XVIII.* «Agricultura, comercio colonial y crecimiento económico en la España contemporánea». Barcelona, 1974.
— *Cádiz y el Atlántico.* Sevilla, 1977.

GODECHOT, Jacques: *Europa y América en la época napoleónica.* Barcelona, 1969.

GOEBEL, L. B.: *British trade to the Spanish Colonies, 1796-1823.* «American Historical Review», XLIII. Enero, 1938.

GÓMEZ DEL CAMPILLO, Miguel: *Relaciones diplomáticas entre España y los Estados Unidos según los documentos del Archivo Histórico Nacional.* Madrid, 1944-1945. 2 vols.

GOUBERT, P.: *Une richesse historique en cours d'exploitation: les registres paroissiaux.* Annales, E. S. C., 1954.

GUERRA SÁNCHEZ, Ramiro: *Azúcar y población en las Antillas.* Madrid, 1935.
— *La expansión territorial de los Estados Unidos.* La Habana, 1964.

HANNA, K. Abbey: *Florida. Land of change.* North Carolina, 1948.

HARMAN, Joyce E.: *Trade and privateering in Spanish Florida, 1732-1763.* Saint Augustine, 1969.

HERNÁNDEZ SÁNCHEZ-BARBA, Mario: *La última expansión española en América.* Madrid, 1957.
— *Ciclos Kondratieff y modelos de frustración económica iberoamericana.* «Revista de la Universidad de Madrid», núm. 78, 1972.

HERR, Richard: *España y la revolución del siglo XVIII.* Madrid, 1971.

HILL, Roscoe: *Descriptive of the documents relating to the history of the United States in the Papeles Procedentes de Cuba deposited in the Archivo General de Indias at Seville.* Washington, 1916.

HOFFMAN, Paul E.: *A study of defense, 1565-1585: a quantification of Florida history*. «Florida Historical Quarterly», 51, núm. 4 (abril, 1973).

HOFFMAN, Paul E., y LYON, Eugene: *Accounts of the Real Hacienda, Florida 1565-to 1602*. «Florida Historical Quarterly». 48, núm. 1. Julio, 1969.

IZARD, Miguel: *Comercio libre, guerras y mercado americano*. «Agricultura, comercio colonial y crecimiento económico en la España contemporánea». Barcelona, 1974.

JARA, Álvaro: *Problemas y métodos de la historia económica hispanoamericana*. Caracas, 1969.

KIRKLAND, Edward C.: *Historia económica de Estados Unidos*. México, 1947.

KONETZKE, Richard: *Las fuentes para la historia demográfica de Hispanoamérica durante la época colonial*. «Anuario de Estudios Americanos». Tomo V, 1948.

KULA, Witold: *Problemas y métodos de la historia económica*. Barcelona, 1973.

LE RIVEREND, Julio: *La economía cubana durante las guerras de la Revolución y del Imperio franceses (1790-1808)*. «Revista de Historia de América», número 16. Diciembre, 1943.

LOOZE, Helena J.: *Alexander Hamilton trade and the British orientation of American Frontier policy, 1703-1803*. The Hague-París, 1969.

MERCADER RIBA, J.: *España en el bloqueo continental*. «Estudios de Historia Moderna». Tomo II, 1952.

MEYER, John R., y CONRAD, Alfred H.: *Economic theory, statistical inference and economic history*. «Journal of Economic History», XVIII, núm. 4, 1957.

MORALES LEZCANO, Víctor: *Diplomacia y política financiera de España durante la sublevación de las colonias inglesas en América, 1775-1783*. «Anuario de Estudios Americanos», tomo XXVI, 1969.

MORALES PADRÓN, Francisco: *Colonos canarios en Indias*. «Anuario de Estudios Americanos». Tomo VIII. 1951.

— *Los Estados Unidos y la historia antillana*. «Estudios Americanos». Volumen X, 1955.

— *El comercio canario-americano. Siglos XVI, XVII, XVIII*. Sevilla, 1955.

MORENO FRAGINALS, M.: *El Ingenio*. La Habana, 1964.

MÖRNER, Magnus: *The Spanish Hacienda: a survey of recent research and debate*. «Hispanic American Historical Review», vol. 53, núm. 3, 1973.

MOWAT, Charles L.: *East Florida as a British Province*. Berkeley and Los Ángeles, 1943.

MURO OREJÓN, Antonio: *Cedulario americano del siglo XVIII*. Edición, estudio y comentarios por .... Sevilla, 1956-69. 2 vols.

NAVARRO GARCÍA, Luis: *Las provincias internas en el siglo XIX*. Sevilla, 1965.

— *Hispanoamérica en el siglo XVIII*. Sevilla, 1975.

NAVARRO LATORRE, José, y SOLANO COSTA, Fernando: *¿Conspiración española? Contribución al estudio de las primeras relaciones históricas entre España y los Estados Unidos*. Zaragoza, 1949.

NICHOLS, Roy F.: *Trade relations and the establisment of the United States consulates in Spanish America, 1779-1809*. «Hispanic American Historical Review», vol. XIII, núm. 3, 1933.

NORTH, Douglas C.: *Una nueva historia económica. Crecimiento y bienestar en el pasado de los Estados Unidos*. Madrid, 1971.

PITKIN, Timothy: *A statiscal view of the commerce of the United States of América*. New York, 1967.

PORTELL VILA, Herminio: *Historia de Cuba en sus relaciones con Estados Unidos y España*. La Habana, 1938.

POTTER, J.: *The growth of population in America, 1700-1860*. «Population in History». London, 1969.

PRATT, J.: *A history of the United States foreign policy*. New Jersey, 1955.

PRESSAT, Roland: *El análisis demográfico*. México, 1967.

PROCTOR, S.: *Research opportunities in the Spanish Borderlands: East Florida*. «Latin American Research Review», vol. VII, n.° 2, 1972.

RAMOS PÉREZ, Demetrio: *Notas sobre historia de la economía agrícola en Hispanoamérica*. «Revista de Indias», núms. 103-104, 1966.

RENOUVIN, Pierre: *Historia de las relaciones internacionales*. Madrid, 1969. Tomo II. Vol. I.

RÍO COSSA, José del: *Descripción de la Florida Oriental hecha en 1787*. Madrid, 1935.

RODRÍGUEZ VICENTE, M.ª Encarnación: *El comercio cubano y la guerra de emancipación norteamericana*. «Anuario de Estudios Americanos», vol. XI, 1954.

— *La contabilidad virreinal como fuente histórica*. «Anuario de Estudios Americanos», vol. XXIV. Sevilla, 1967.

ROSTOW, W.: *Las etapas del crecimiento económico*. México, 1970.

RUTHEFORD, Robert: *Spain's possesive emigration for the Floridas, 1780-1805*. M. A. Thesis. University of Florida, 1952.

SAVELLE, Max: *Historia de la civilización Norteamericana*. México, 1962.

SCHUMPETER, J. A.: *Historia del análisis económico*. Barcelona, 1971.

SEE, Henry: *Orígenes del capitalismo moderno*. México, 1961.

SERRANO Y SANZ, J.: *Documentos históricos de la Florida y Luisiana*. Madrid, 1912.

TEBEAU, Charlton W.: *A history of Florida*. Miami, 1971.

TEPASKE, John: *Economic problems of the Florida Governors*. «Florida Historical Quarterly», núm. 36. 1958.

— *The Governorship of Spanish Florida, 1700-1763*. Durham, 1964.

TORNERO TINAJERO, Pablo: *La población de Triana en 1794*. Sevilla, 1975.

— *Emigración canaria a Indias: La expedición cívico-militar de 1777-1779 a Luisiana*. «I Coloquio de Historia Canario-Americano (1976)». Las Palmas, 1976.

— *Notas para el estudio de la población de Pensacola*. En prensa.

VENTURA REJA, J.: *Abastecimiento y poblamiento de Florida por la Real Com-*

pañía de La Habana. «Actas del Congreso del Bicentenario de la Independencia de los Estados Unidos». (En prensa).

VICENS VIVES, Jaime: *Historia económica de España*. Barcelona, 1967.

VILAR, Pierre: *Oro y moneda en la historia*. Barcelona, 1969.

— *Crecimiento y desarrollo. Economía e historia. Reflexiones sobre el caso español*. Barcelona, 1974.

VITAL-HAWELL, P.: *El aspecto internacional de las usurpaciones americanas en las provincias españolas limítrofes con los Estados Unidos de 1810 a 1814*. «Revista de Indias», núms. 99-100, 1965.

VOLTES BOU, Pedro: *Repercusiones de la guerra de independencia de Estados Unidos en el comercio español de Indias*. «Revista de Indias», núm. 76. 1959.

WHITAKER, Arthur P.: *The commerce of Luisiana and the Floridas and the end of the eighteenth century*. «Hispanic American Historical Review», volumen VIII, 1928.

— *Documents relating to the commercial policy of Spain in the Floridas with incidental reference to Luisiana*. Deland, Florida, 1931.

— *The Spanish American Frontier: 1783-1795*. Gloucester, 1962.

WILLIAMS, John L.: *The territory of Florida*. Gainesville, 1962. A facsimile reproduction of the 1783.

WYLLIS, Rufus K.: *The east Florida revolution of 1812-1814*. «Hispanic American Historical Review». Vol. IX, 1929.

ZAVALA, Silvio: *El mundo americano en la época colonial*. México, 1967. 2 vols.

No queremos finalizar sin expresar nuestra gratitud más sincera a cuantas personas han contribuido a que esta obra haya sido posible. Al personal del Archivo General de Indias y Escuela de Estudios Hispanoamericanos; a todos los compañeros y amigos que aportaron ideas y corrigieron conceptos, a los Profesores del Departamento de Historia de América de la Universidad de Sevilla —de los que recibí valiosas sugerencias para una mejor realización del presente trabajo— a los profesores norteamericanos Paul Hoffman, Eugene Lyon y John Te Paske, y en especial al doctor Morales Padrón, que puso su confianza en nosotros al ofrecernos la posibilidad de contribuir —bajo su dirección— con esta investigación al Bicentenario de la Independencia de los Estados Unidos. Por último y de manera especial al «Programa de Cooperación Cultural entre España y los Estados Unidos de América», del cual obtuvimos una beca para la ejecución de este libro. A todos ellos, repetimos, nuestra más expresa gratitud.

CAPÍTULO I

EL MEDIO GEOGRÁFICO

El medio geográfico y los diversos factores que lo componen juegan siempre de una manea decisiva en todo proceso humano. El habitat estará actuando constantemente sobre la cultura del grupo asentado en él y así habitat y hombres irán unidos, sin poder separar uno del otro, a la hora de comportamiento. La historia de los hombres estará, pues, en constante relación con su geografía porque «los hombres pasan, pero el medio permanece relativamente igual a sí mismo»[1]. Si la historia es el comportamiento del hombre en sociedad, damos por sentado que debemos saber dónde y cómo se asienta esa sociedad, sin por eso caer en el determinismo geográfico, ya que es dudable que la geografía determina el proceso histórico de una región o nación, aunque sin duda de ninguna clase esté influyendo en él de una u otra manera. Braudel tiene palabras suficientemente claras para explicar esto: «El medio natural y transformado por el hombre no es el único factor de condicionamientos, que de antemano lo encierra todo en un rígido determinismo. Aun siendo un factor importante bajo la forma de ventajas, tanto dadas como adquiridas, no todo lo explica el medio»[2].

Una vez hecha esta mínima introducción sobre nuestro concepto medio geográfico-historia, pasaremos a analizar la significación

---

[1] Braudel, Fernand: *Las civilizaciones actuales*. Madrid, 1973, pág. 23.
[2] *Ibíd.*

que éste tuvo en la configuración de esas relaciones de dependencia entre Florida y Estados Unidos.

Las fuentes que para este capítulo hemos utilizado tanto bibliográficas como documentales pensamos que nos acercan de una manera precisa al problema a estudiar, tanto por la exactitud de sus datos como por la contemporaneidad de los hechos geográfico-históricos.

Ya es sabido que en la geografía de un territorio y en la relación de ésta con la historia del mismo influyen tanto el «sitio» como la «situación», entendiendo que en el concepto «sitio» sólo caben las peculiaridades propias del lugar, independientemente de las tierras y poblaciones que la circundan» [3], mientras que «al referirnos a la situación estamos aludiendo a su posición relativa dentro de un marco general» [4].

A) EL SITIO

En lo referente a este concepto una relación de la época nos dice que «la Florida Oriental es una perfecta península que se extiende Norte-Sur unas 120 leguas comunes, desde el río de Santa María que en más de 30 grados la divide del estado americano de Georgia, hasta la punta de Tancha o Cabo Sable, en menos de 26 grados de latitud septentrional formando dicha punta cubierta de los Martines y otros cayos, el costado occidental del embocadero del Canal Nuevo de Bahama, bañándola al levante el Mar Atlántico y el expresado canal y al occidente el Seno Mexicano. Su mayor anchura de Oriente a Poniente es de 80 leguas y su menor hasta cerca de la enunciada punta de 40. En total su superficie comprende cerca de dos millones de caballerías de tieras» [5].

Continúa la descripción refiriéndose a su excelente posición geográfica, ventilada continuamente por su proximidad al mar, lo que mitiga el calor, aunque en el Norte se dejan sentir de vez en cuando heladas, todo esto decía «es tan conducente a la salud y

---

[3] García-Baquero González, Antonio: *Comercio colonial y guerras revolucionarias*. Sevilla, 1972, pág. 27.
[4] *Ibíd.*
[5] *Descripción de la Florida Oriental (1787)*. AGI. Santo Domingo, 2668.

robusted humana que este país, con especialidad en los contornos de San Agustín, sea tenido por el más saludable de este continente»[6].

Son esas prerrogativas, tanto en el sitio como en la situación, de que gozan las Penínsulas según nos comenta Braudel[7].

Incidiendo en el régimen de vientos, parece que éstos soplan más fuertes en la parte sur de la península que en el norte. En el este y sureste, durante la primavera, verano y comienzos del otoño es cuando empieza a caer la lluvia. Esto sucede durante muy corto tiempo en el día, pero eso sí, casi diariamente. Por otro lado, es muy frecuente que la parte norte del país en los meses de verano, sobre todo en julio y agosto, sienta un persistente y molesto viento, el cual parece arrastrado por otros del oeste y suroeste[8].

De vez en cuando se dejan sentir tormentas, aunque son bastante más frecuentes que los temibles huracanes, afortunadamente.

Por otro lado, casi nunca se llega a temperaturas extremas que hagan molesta la actividad humana. Su privilegiada geografía contribuye a ello, ya que está lo suficientemente alejada del norte como para admitir vientos fríos que la afecten de una manera sensible, mientras su proximidad al sur, y por tanto al mar, le proporciona un muy agradable frescor.

En lo que respecta a las temperaturas, desde octubre hasta junio son muy soportables. Unos pocos días de calor intenso se registran en los meses de verano, sobre todo en julio, mientras los días de temperaturas más bajas se dan en el mes de febrero. La primavera transcurre con tiempo muy plácido, únicamente perturbado por unos vientos molestos. El invierno, casi nunca es crudo, aunque de vez en cuando puede verse la nieve; en definitiva, un clima que permite que «las flores y plantas decoren nuestros jardines durante todo el año»[9].

---

    [6] *Ibíd.*

    [7] Braudel, Fernand: *El Mediterráneo en la época de Felipe II.* México, 1953.

    [8] Forbes, James Frant: *Sketches, Historical and topographical of the Floridas.* A facsimile reproduction. Gainesville, 1964, págs. 58-59.

    [9] William, J. L.: *The Territory of Florida.* A facsimile reproduction. Gainesville, 1962, pág. 17.

Por lo que se refiere al suelo, podemos establecer la diferenciación que especifica la *Descripción de la Florida Oriental*, de 1787. Se nos dice: «prevalece el terreno arenoso, especialmente hasta la distancia de unas 15 leguas de la costa donde empieza a encollarse y a ser en algunos parajes peñascoso. Por el largo de la costa oriental, y principalmente hasta unas 6 leguas tierra adentro abundan ciénagas, que producen una especie de yerba marisca que sirve de pasto a ganado vacuno y caballerías. Las márgenes de los ríos y todo el cuerpo del país se hallan sembradas de tierras anegadizas y es en ellas que llega a más perfección la numerosa diversificación de árboles que ofrece el país, y estos terrenos desecados y desmontados son sobresalientemente aptos a producir arroz, añil y cáñamo» [10].

Así pues, prevalecía un terreno casi pantanoso, extremadamente húmedo, que determinaba una serie de cultivos. La extraordinaria presencia de bosques hizo a esta región una de las principales productoras de madera entre las colonias españolas.

Aparte de la capital San Agustín y la Isla Amalia con Fernandina, otros lugares dignos de mención eran los aledaños de San Agustín: San Diego, Matanzas y Murty y el territorio de Mosquitos, así como las riberas del San Juan y Santa María, los dos principales ríos de la región, y el Cayo San Pablo (que estudiaremos a la hora de hacer lo propio con la Isla Amalia). Con una cierta importancia la Isla de Talbot y la ribera de Nassau. Sólo estos lugares citados aparecen como poblados en el censo oficial de 1812 [11].

En lo que concierne a los puertos de la Florida Oriental, en la parte este de la región se encontraban los de Matanzas, San Agustín, Ríos de San Juan, Santa María y Nassau. De todos modos, «oficialmente», esto es, con su aduana establecida, sólo existían los de San Agustín y los de los ríos San Juan y Santa María, estos últimos con el control aduanero de Fernandina, en la Isla Amalia, que se estableció en 1803, como dependiente de San Agustín, pero que luego, por la importancia que tomó, se convirtió en autónomo e independiente, desde 1813.

---

[10] *Descripción de la Florida Oriental (1787)*. AGI. Santo Domingo, 2668.
[11] *Censo de la Provincia de Florida (1812)*. AGI. Cuba, 1791.

Al tratar de una manera más detenida los puertos de San Agustín y los de ambas riberas, citaremos ahora sólo los de Nassau y Matanzas.

El de Nassau, situado en latitud de 30 grados y 28 minutos, no era apenas apto para la entrada de buques, y por consiguiente su importancia como puerto mercantil era nula, ya que presentaba grandes bajos de arena que se movían continuamente. En cuanto a Matanzas, «situada en latitud de 29 grados y 37 minutos ofrecía una más aceptable entrada a buques de 8 a 10 pies» [12].

La región contaba con una serie de ríos, entre ellos el de Nassau y los ya citados de San Juan y Santa María, muy caudalosos y perfectamente navegables, de los que nos ocuparemos más adelante. Igualmente Florida tenía bahías como las de Tampa o Espíritu Santo y San Carlos, en la costa occidental; aparte una serie de accidentes geográficos, cuya descripción no viene al caso en esta breve introducción geográfica.

A continuación nos referiremos, en especial, a la Isla Amalia con sus aledaños y a San Agustín en su hinterland. Las dos únicas zonas influyentes en la actividad económica y humana de la región y por tanto de este trabajo.

San Agustín era la capital de la Florida Oriental, la más antigua de las ciudades de Estados Unidos, «situada en latitud 29.45 N. y longitud 81.30 W. con su extremidad nororiental abierta al mar» [13]. El Atlántico está separado de ella como más de dos millas, cerca de la parte meridional de una península, que permanece casi totalmente cubierta por agua; enfrente de la ciudad se encuentra una pequeña isla llamada Anastasia, que la protege del fuerte oleaje, y que no es ni demasiado elevada, ni demasiado ancha como para impedir que las brisas del mar, frescas en verano y calientes en invierno, lleguen a la ciudad, regulando su clima y haciendo que su situación sea «serena, agradable y saludable» [14].

El lugar que ocupa la ciudad fue en su origen un sitio totalmente cubierto de conchas marinas, con el terreno un poco más

---

[12] Río Cossa, José del: *Descripción de la Florida Oriental hecha en 1787.* Madrid, 1935, pág. 10.
[13] Forbes, James Grant: *Op. cit.,* pág. 84.
[14] William, J. L.: *Op. cit.,* pág. 117.

elevado que la superficie del mar. El suelo sobre el que se asienta, repleto de sedimentos calcáreos y vegetales, es, por eso, extremadamente propio para cultivos y trabajos hortícolas. La ciudad aparecía rebosante de naranjales que crecían de una manera casi espontánea. Además, gozaba de abundante agua, con mucha facilidad de encontrarla a flor de tierra y «aunque no es tan pura como en otras partes del país, es usada sin ningún inconveniente para todos los fines, de cocina, bebida o lavado» [15].

En cuanto a su puerto, era, en efecto, excelente, aunque presentaba un grave inconveniente, ya que delante del puerto se extendía una alargada y muy peligrosa barra. De todos es sabido lo perjudicial que resulta esto para cualquier puerto; la susodicha barra era muy temida por los navíos que necesariamente debían acudir a San Agustín, ya que sólo hacía nueve pies de agua en su mayor profundidad. Efectivamente no eran raros los naufragios, de los que se quejaban amargamente las autoridades floridanas [16].

Esta barra además era regulada por el viento. El que soplaba del oeste la pondría a seis pies, mientras el del este la bajaría a 12. En primavera las mareas hacían más segura la entrada al puerto, por lo que era más utilizado en los meses de marzo a noviembre, como efectivamente hemos podido deducir de la diversa documentación examinada.

Naturalmente, la situación peculiar del puerto hacía que pudiesen entrar en él nada más que barcos de pequeño calado, tipo goleta; los barcos de mayor tonelaje tenían que quedarse en una rada situada sobre la cara norte de la barra; esta rada estaba formada por un trozo de tierra al norte y un punto de la Isla Anastasia al Sur [17]. En esta dificultad de acceso al puerto, junto con otros motivos, debemos buscar el mayor movimiento mercantil-portuario de la Isla Amalia.

Esta barra, aparte de ser un formidable obstáculo para su comercio, amenazaba con arruinarlo totalmente, ya que «sus aguas van progresivamente a menos de modo que hay que recelar que-

---

[15] *Ibídem.*
[16] Coppinger a Cienfuegos. San Agustín, 1 de marzo de 1819. AGI. Cuba, año 1876.
[17] Forbes, J. G.: *Op. cit.*, pág. 89.

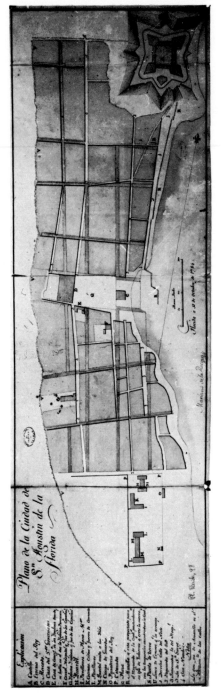

Plano de la ciudad de San Agustín de la Florida. A.G.I. Mapas y planos. Florida y Luisiana, 98.

dará con el tiempo del todo impracticable no aplicándose algún remedio»[18].

Se intentó por todos los medios posibles reparar este contratiempo físico. En efecto, parece que desde la época de dominación inglesa del territorio «existió el proyecto de construir un canal, que condujese un chorro copioso de las aguas del río de San Juan contra la barra de San Agustín»[19]. Esto no tuvo realización tampoco durante el período español, por lo que el comercio de envergadura, a través de buques de gran tonelaje, se realizó por medio del de Fernandina, en la Isla Amalia.

En cuanto a la ciudad, urbanísticamente hablando, estaba construida a la manera española, formando un paralelogramo. Las calles estaban regularmente trazadas, aunque los edificios no guardaban esta posición y se distribuían un poco anárquicamente. Eran bastante estrechas, con terrazas que permitían el pasear por ellas. Las casas estaban construidas generalmente de piedra, del país, que con el añadido de cualquier otro material las hacían muy resistentes. También existían otras de madera, con el subsiguiente peligro de incendios. Sus principales edificios eran una iglesia, la vieja casa de gobierno, la plaza del mercado, el antiguo convento franciscano y, presidiendo todo, el poderoso castillo de San Marcos, construido con un modernísimo sentido de la arquitectura militar. Parece que la ciudad tenía tres cuartos de milla de longitud y un cuarto de anchura, con alrededor de mil casas de diferentes estilos[20].

Por lo que se refiere a la Isla Amalia y sus aledaños, contamos con una magnífica descripción de la época. Se debe a Nicolás Grenier, subteniente comisionado por el gobernador de Florida en la dicha zona. Dice que «La barra de Santa María, generalmente así llamada aunque su verdadero nombre es la barra de Amelia, se considera como una de las mejores y menos peligrosas de las de América Septentrional; pueden entrar en ella barcos de hasta 500 toneladas. Entrando por esta barra hay dos islas, una a la derecha y otra a la izquierda; la de la derecha se llama la de Cumberland, perteneciente a los americanos, es fertilísima en ma-

---

[18] *Descripción de la Florida Oriental (1787).* AGI Santo Domingo, 2668.
[19] *Ibíd.*
[20] Forbes, J. G.: *Op. cit.,* pág. 89.

deras y suelen venir algunas embarcaciones americanas a cortar-los. La isla de la izquierda se llama la de Amelia, su terreno se considera más fértil, produce pinos, cedros y robles en abundan-cia. La distancia de la Isla de Amelia a la de Cumberland, que es lo que forma la canal por donde pasan todas las embarcaciones que han de subir el río de Santa María, será como poco menos de un cuarto de milla. La canal que forman las dos islas queda Nor-West de la boca del río de Santa María. Enfrente de dichas Islas hay otra nombrada la del Tigre, despoblada e inhabitable por ser un terreno muy estéril y toda llena de pantanos y lagunas de modo que poco o ningún provecho se puede sacar de ella. Desde el fondeadero de Amalia a la entrada del río de Santa María se considera la distancia de milla y media; este río es navegable cuarenta millas para toda embarcación que haya pasado la barra. Doce millas desde la boca de dicho río hay un paraje que los ingleses llaman New Town o Prince Town, el cual estaba destinado para fabricar una nueva ciudad, pero no se puso en ejecución. El mayor ancho de este río será como de 1.150 brazas. Hay una navegación por dentro de San Juan a Santa María, adonde pueden navegar barcos de cuatro a cinco pies de agua, pero requiere un buen práctico por motivo de los muchos bancos de arena, como igualmente por los muchos riachuelos que se en-cuentran y a donde muchas veces se puede engañar al más prác-tico. En dicha navegación se reconocen cuatro o cinco islas pe-queñas, que son las de Talbot, la de San Jorge, la del Doctor y la de Pierce. Todas estas islitas, aunque en sí mismas chiquitas, son de mucho valor por los hermosos pinos, cedros y robles que producen. Sigue esta navegación interior por la costa de Tierra Firme hasta Filadelfia, pero volvemos a repetir que es menester servirse de un práctico en estas navegaciones interiores» [21].

De toda esta zona del territorio, la Isla Amalia con la ciudad de Fernandina se convirtió en núcleo político-comercial. Contribu-yó a darle una preponderancia especial la calidad de su puerto, «el de más agua y de más fácil entrada que se presenta en toda la extensión de la costa de la América septentrional, desde el Seno Mexicano hasta la Nueva York» [22]. Debido a esta característica por-

---

[21] Nicolás Granier a Céspedes. San Agustín, 30 julio 1784. AGI Cuba, 150.
[22] *Ibíd.*

tuaria, que ofrecía mucha más ventaja natural que el de San Agustín —como hemos visto, de muy poco calado— y a otras puramente estratégicas, esta Isla se convirtió en la capital mercantil del territorio, quedando San Agustín como centro político-administrativo.

B) LA SITUACIÓN

Mucha más repercusión que el sitio, tuvo la situación del territorio, en la casuística de la dependencia Florida-Estados Unidos.

En la época estudiada, el país gozaba de una excelente situación geográfica, que venía marcada por varios factores de los que dos merecen máxima importancia: el primero, la posición de Florida Oriental, que junto con la Isla de Cuba hacía a España dueña del Canal de Bahama, camino obligado para cualquier barco que surcase el Golfo de México y arteria vital del comercio transatlántico, ya que la costa oriental del mencionado territorio era salida elegida por los buques que de esta parte de América se dirigían a Europa. El segundo, su condición de zona fronteriza con los Estados Unidos. La Administración española pensaba en Florida como una barrera para contener la expansión estadounidense.

Sin embargo, serán estos dos factores, que hacían privilegiada la situación de Florida, los que, a la postre, conducirían a esa dependencia de la que venimos hablando. En efecto, en virtud de ellos, la «provincia» adquirió un sentido fundamental: el ser un enclave estratégico fundamental en el Golfo de México. Cuando el Intendente de La Habana escribía que «la provincia de Florida Oriental, interesante sin duda por su posición geográfica es nula y gravosa por cualquier otro respecto» [23] estaba haciéndose eco del principal sentido, que ya hemos enunciado, tenía para la Corona. Más que una colonia de explotación de sus recursos, Florida sería un país-fortaleza, donde absolutamente todo estaría subordinado a un orden que venía impuesto por su valor estratégico. Este hecho repercutirá de un modo extraordinario en la historia de la península, como es fácil suponer, y será la base fundamental creadora de toda una serie de causas que hicieron a Florida un país

---

[23] El Superintendente de la Hacienda a Coppinger. Habana, diciembre 1820. AGI Cuba, 441.

dependiente. Esta concepción del gabinete de Madrid con respecto al territorio en cuestión podía ser la respuesta a las dudas de uno de sus gobernadores cuando decía: «Unas provincias de una localidad de la mayor importancia por su posición geográfica, de un terreno extensivo y feraz, pero desgraciado, porque ignoraba acaso las razones que la hacen apreciable por otras causas que no alcanzo, se halla despoblada y de consiguiente en la imposibilidad de prosperar»[24].

Igualmente el segundo factor al que nos referíamos, el ser país fronterizo con Estados Unidos, tendrá decisiva influencia y marcará el que Florida sea dependiente precisamente de ellos, de los Estados Unidos.

En efecto, la idea del gobierno español de que Florida sería una puerta a la expansión norteamericana parecía totalmente errónea. Ya en 1783, el plenipotenciario español ante los Estados Unidos era consciente de ello: «mi opinión y la de muchos sujetos capaces de esta plaza es la de que ciertamente la Florida ha sido cedida a la España con el designio de acercar sus límites a los Estados Unidos para que en lo venidero sean origen de disensiones que indudablemente los ingleses buscaran medios de fomentar entre las dos naciones para aprovecharse de ellas»[25]. Evidentemente lo comentado por el embajador era a lo que en realidad llevaría el hecho de tener Florida y Estados Unidos una frontera común. Era del todo punto lógico que este último país, con una considerable población, con una línea de desarrollo económico en alza y con una doctrina política determinada por el expansionismo, buscara éste, principalmente, en su frontera; en ese sentido Florida más que una barrera para ellos sería una zona natural de expansión. Por otro lado, y debido a todo ello, fue del todo punto lógico que Florida quedase como mercado ideal para Estados Unidos, con las consecuencias que de esto se derivarían.

Sería imposible, de todas maneras, contener ese expansionismo norteamericano que querría ver sus fronteras en las orillas del Golfo de México y que desearía por todos los medios tener ese

---

[24] Arredondo a Apodaca. Habana, 22 julio 1813. AGI, Santo Domingo, 1285.

[25] Francisco Rendón a José de Gálvez. Filadelfia, 12 abril 1783. AGI. Indiferente General, 1606.

control de las rutas comerciales que representaba Florida, sobre
todo en el momento que consiguió arrebatar a España el monopo-
lio comercial de algunas de sus más importantes colonias.

En virtud, precisamente, de esta vecindad floridano-norteameri-
cana y a causa de los factores enunciados, Estados Unidos no necesitó de sus armas para dominar Florida. Sus emigrantes y sus
productos se encargarían de ello, como en próximos capítulos demostraremos.

Creemos, pues, estar en condiciones de decir que el medio geográfico de Florida se nos presenta como la primera causa creadora
de esas relaciones de dependencia entre Florida y Estados Unidos.

CAPÍTULO II

LA POBLACIÓN

Tarea fundamental en cualquier estudio histórico de un territorio es el análisis de su población, y esto no como una información complementaria, sino como un factor primario a considerar. Realmente no existe historia sin demografía. Seguimos a Vilar cuando comenta que «el estudio cuantitativo del número de los hombres y de las estructuras que éste recubre, tanto como consecuencia de la evolución interna del grupo cuanto como factor de su porvenir, se impone al historiador»[1]. En virtud de ello, al estudiar la historia de Florida no podíamos dejar de tocar un aspecto que tan amplias repercusiones tuvo en su historia, como fue el de su población.

A) PLANTEAMIENTO GENERAL Y METODOLOGÍA

Este capítulo irá dedicado fundamentalmente a demostrar cómo la influencia estadounidense en la sociedad de Florida fue de una importancia extraordinaria en el sentido no sólo de configurarla demográfica y étnicamente de una manera especial, sino de imponer al país un determinado modelo económico, todo lo cual contribuirá de una manera decisiva y será causa importante en la dependencia social y económica de la provincia española con res-

---

[1] Vilar, Pierre: *Crecimiento y desarrollo*. Barcelona, 1974, pág. 39.

pecto a su vecino norteamericano y que a la postre conducirá a la dependencia política.

Queremos dejar esbozadas algunas ideas muy generales sobre la metodología empleada, ideas que se verán ampliadas en algunos apartados del capítulo.

En primer lugar esa metodología ha tenido que ser adecuada al especial carácter de las fuentes. Estas —como analizaremos— son extraordinariamente vagas, lo cual no ha contribuido en absoluto a una simplificación del método, antes al contrario nos ha hecho sopesarlo muchas veces para lograr la concordancia método-fuentes-resultados.

También es obligado decir que el sistema de trabajo no podía ser exclusivamente de orden demográfico, puesto que éste no responde puramente a esa especificación, sino que más que un estudio de esa disciplina es una utilización de ella para llegar a unas determinadas conclusiones. Por ello, también, el especial orden de análisis.

Por último, queremos aclarar el convencimiento que debe tenerse en que el grupo a estudiar no presenta unos caracteres tradicionales en el orden poblacional y con ello queremos referirnos a los comunes en el orden europeo de la época, sino unas muy genuinas condiciones demográficas (al igual que otras zonas al sur de Estados Unidos [2]) que determinan una especial sistemática en el análisis, distinta de la utilizada por la demografía histórica europea, algunos de cuyos conceptos son totalmente inaplicables a la sociedad que estudiamos [3]. En definitiva, partiendo de la base de que el estaticismo no vale en el método demográfico y de que éste debe ser desarrollado y adaptado a los problemas específicos de cada población nosotros hemos considerado conveniente adoptar el que se extiende a lo largo de las páginas siguientes y que está vertebrado en cuatro títulos generales: A) Estructura de la población; B) Composición o Análisis demográfico; C) Inmigración, y D) Inmigración y Régimen agrícola. Pensamos que analizando y

---

[2] A este respecto puede consultarse la obra de Acosta Rodríguez, Antonio: *La población de Luisiana.* Tesis doctoral en trance de publicación.

[3] Para el estudio de un Padrón de la España de fines del siglo XVIII, vid. Tornero Tinajero, Pablo: *La población de Triana en 1794.* Sevilla, 1975.

estudiando estos cuatro puntos conseguiremos llegar a unas conclusiones válidas que nos conduzcan al objetivo planteado.

B) LAS FUENTES: SUS PROBLEMAS

1) *Los Censos de Florida*

Para el análisis de los dos primeros apartados de este capítulo
—la estructura y composición de la población— lo realmente útil
hubiera sido contar con fuentes estáticas y dinámicas que nos
permitieran resaltar la sociedad estudiada en movimiento y al
tiempo en un momento dado. Esto es tanto censos de población
como registros del movimiento de ella, de los que son base, como
ya es sabido, los registros o Archivos Parroquiales [4].

Nuestra principal base de información, el Archivo General de
Indias, nos proporcionó únicamente documentación estática, esto
es, censos; no obstante, el contar con estas estadísticas para diferentes años hace que nos podamos referir a una cierta dinámica
poblacional que será la marcada por las distintas fechas de realización en las estadísticas a utilizar. El trabajar con la documentación referida impedirá tratar problemas tan importantes para un
certero análisis demográfico como el conocimiento de las tasas de
natalidad, mortalidad o nupcialidad, por citar algunos casos; de
todos modos, nuestro intento no va tanto encaminado a un conocimiento profundo del hecho poblacional en Florida como a conocer —y ya lo hemos enunciado— la influencia extranjera que con-
dicionó esa dependencia con su secuela de consecuencias. En
definitiva, pues, las fuentes a utilizar si no son completas ni totalmente concluyentes, sí al menos nos ayudan a captar el problema
planteado.

---

[4] La significación de los registros parroquiales para el estudio de la
demografía queda descrita —entre otras— en las siguientes monografías:
Fleury, M., y Henry, L.: *Des registres proissiaux a l'histoire de la population:
manuel de dépouillement et d'éxploitation de l'état-civil ancien.* París, 1956;
Goubert, P.: *Une richesse historique en cours d'exploitation: les registres
paroissiaux.* En «Annales», E. S. C., 1954, págs. 83-93.

En cuanto a los censos a los que hemos hecho referencia, podemos dividirlos en generales a todo el país y particulares a la ciudad de San Agustín.

a) *Generales*

Realmente son los que más nos interesan, puesto que a partir de ellos será preciso elaborar la mayor parte de este capítulo. Que comprendan todo el territorio contamos con los de los años 1788, 1793 y 1814 [5]. El primero fue fruto de una visita eclesiástica, mientras los dos restantes se levantaron por autoridades civiles, con el fin de informar de la situación poblacional del territorio bajo su mando a la Capitanía General de Cuba. Los únicos datos aportados por estas estadísticas son: volumen total de población —excluyendo en todos los casos la militar— y división de ésta, tanto por razas y tipología social —libres y esclavos—, como por su asentamiento urbano o rural. Del mismo modo los habitantes aparecen distribuidos por sexo, edad y estado. Un problema es que estos datos no aparecen homologados ni igualmente presentados en los diferentes censos, por ello determinadas cuestiones podrán ser estudiadas en todos mientras otras serán planteadas y contestadas en determinados de ellos. A lo largo de los diferentes epígrafes comentaremos, más ampliamente, estas irregularidades.

b) *Particulares*

Además contamos con dos censos, uno de 1786 y otro de 1805 [6] que hacen solamente referencia a los habitantes de la ciudad de

---

[5] Estas estadísticas llevan las siguientes intitulaciones y signaturas: *Padrón hecho con motivo de la Visita Pastoral que se hizo a la Iglesia de San Agustín por el Sr. D. Fray Cirilo de Barcelona, obispo de Fricaly y auxiliar de Cuba. Año de 1788.* AGI. Santo Domingo, 2673; *Estado general que manifiesta el número de habitantes de todas clases y sexos de que se compone esta Provincia de la Florida Oriental y su cabeza San Agustín formado en el mes de Noviembre de 1793 de orden del Sr. D. Juan Nepomuceno de Quesada.* AGI, Cuba, 1437; *Padrón general de los moradores que comprende la Provincia de Florida Oriental.* San Agustín, 5 de octubre de 1814. AGI, Cuba, 1791.

[6] El Censo de 1786 lo hemos recogido del artículo de Lockey, Joseph B.: *The St. Augustine Census of 1786. Translated from the Spanish with an introduction and notes.* En «Florida Historical Quarterly», Vol. 18, July 1939. Del total de personas que cita el documento hemos deducido tanto a la población

San Agustín. Lo utilizaremos únicamente al referirnos al estudio de la población urbana y así completarán la información dada para esta ciudad en los generales. Puesto que el análisis demográfico propiamente dicho lo efectuaremos con base en los censos generales (ya que este capítulo va dedicado al estudio de todo el territorio y no sólo de su capital) realmente hemos sacado pocos datos de estos particulares. Para conocer la evolución cuantitativa de los habitantes de la ciudad y su división socio-racial, únicos aspectos que nos interesan a la hora de ver el epígrafe dedicado a la dicotomía campo-ciudad, los referidos documentos son perfectamente válidos, por lo que no insistiremos más en ello.

*　*　*

En cuanto a la crítica general a esta documentación estadística —aparte la ya realizada— pensamos que el defecto fundamental de ella proviene de factores extrínsecos, esto es, de las circunstancias que rodeaban a las gentes de Florida para su exacta cuantificación. Dentro de éstas, la fundamental era la peculiar geografía del territorio, linde con la frontera estadounidense, razón que hacía difícil a las autoridades españolas controlar el paso de norteamericanos a Florida y viceversa, escrupulosamente. Esto provocaba que realmente fuese imposible cuantificar la población del país. Las mismas informaciones de la época se hacen eco de este problema: «La situación de esta provincia, tan inmediatamente con los Estados Unidos, e interceptada de diversas comunicaciones que facilitan una continua alta y baja en el total número de almas que la habitan, tanto por los que entran, como por los que salen sin conocimiento del gobierno a pesar de mis desvelos y providencias que he tomado para cortar un abuso tan perjudicial» [7].

militar como a la suburbana, con objeto de homologar sus datos a los del Censo de 1805, además de que las cifras dadas para estos dos últimos grupos no aparecen en el documento, sino que son «estimadas» por el autor. El documento que hace referencia a 1805 lleva el siguiente título y signatura: *Padrón general de los moradores que comprende la ciudad de San Agustín de la Florida Oriental.* 11 de febrero de 1805. AGI, Cuba, 1789.

[7] Quesada a Las Casas. San Agustín, 30 de noviembre de 1793. AGI, Santo Domingo, 2668.

Además de esto, debemos tener en cuenta la propia fisonomía del país, apenas colonizado, con zonas que eran desconocidas hasta la llegada de los españoles y con otras donde no había ningún tipo de jurisdicción estatal y por tanto muy difíciles de controlar.

Estos dos problemas externos a la documentación influirán mucho más en zonas rurales que en las urbanas, es decir San Agustín, donde el control debía ser más efectivo.

A todo ello habrá que unir el hecho fácil de comprender del poco cientificismo de unos censos realizados en una fecha pre-estadística.

2) Fuentes para el estudio de la inmigración

Ya anteriormente en el planteamiento general del capítulo, ha-blábamos de la parte que en éste dedicaríamos al importante pro-blema de la inmigración. El principal problema que nos encontra-mos para este aspecto fue que los censos no nos informaban sobre aspectos vitales para conocer el hecho migratorio: origen nacional, profesiones, edades y estados, condiciones socio-raciales, etc., de los inmigrantes. En función de todo ello hemos debido recurrir a una documentación subsidiaria que únicamente nos permite acer-carnos algo al objetivo.

Dos han sido las fuentes utilizadas, la primera los Libros Rea-les que las autoridades de Florida mandaron abrir para llevar el control de los inmigrantes llegados a la provincia [8]. Son dos tomos que van de 1797 a 1804 el primero y de 1804 a 1811 el segundo. Los datos aparecidos en ellos son: nombre y apellidos de los cabezas de familia, valor en pesos de las propiedades introducidas y en las cuales se incluían desde los enseres privados hasta los aparejos de labranza y por último los negros que llevaba e introducía cada inmigrante, cuando así lo hiciese.

---

[8] *Libro Real para llevar la cuenta y razón de las familias nuevos poblado-res extranjeros que vienen a establecerse en esta Provincia y toma de razón de las propiedades que introducen sin adeudo de derechos en virtud de Reales Disposiciones y con arreglo a la declaración y juramento que hacen ante el Sr. Gobernador de esta plaza al tiempo de su admisión.* 2 tomos. El primero va desde 27 de junio de 1797 hasta 1804. El segundo corre desde 26 de junio de 1804 hasta 1811. AGI, Cuba, 473.

Sin embargo, nos faltaba una información fundamental, como era el lugar de procedencia de estos inmigrantes. Para ello tuvimos que recurrir a la búsqueda de otras fuentes que nos permitieran resolver este problema. Después de revisar una larga serie de documentación, encontramos una «*Relación de los nuevos pobladores que han hecho juramento de fidelidad al Rey en Florida Oriental*»[9], donde efectivamente aparecía la procedencia de ellos.

El principal problema de estas fuentes radica tanto en la falta de información; ya hemos explicado que hay un gran número de matices en el fenómeno que se nos escapan, como en las propias características de ellas. Respecto a esto último diremos que al tratarse de una documentación oficial, se contabilizarían sólo las personas llegadas al país de una manera oficial, mientras los entrados «irregularmente» no se cuantificarían; esto presenta un grave inconveniente, máxime cuando los inmigrados en estas últimas circunstancias debían ser bastantes, hecho que además demostraremos en el correspondiente epígrafe.

Para el último apartado en que relacionamos la inmigración con el régimen de la tierra, aparte de la correspondencia oficial mantenida entre los gobernadores de Florida y distintas autoridades, contamos con informes sobre materias específicas de las tratadas y sobre todo con las *Ordenanzas sobre tierras* y la *Real Cédula e Instrucción para la población y comercio de la Florida Oriental*[10], donde amén de otras informaciones se nos especifica cómo debía realizarse el reparto de tierras, obligación de sus propietarios, etc.

Por último, queremos dejar señalado que para todo el capítulo en general, además de las fuentes documentales descritas nos hemos servido de la correspondencia oficial de los gobernadores del territorio, que en la mayoría de los casos han resultado excelentes para llegar a una serie de conclusiones imposibles de alcanzar únicamente con fuentes cuantitativas, tanto por su ausencia como por lo incompleto de sus datos.

---

[9] AGI, Cuba, 426.
[10] AGI, Santo Domingo, 2587.

3) *Fuentes bibliográficas*

Lo que no ayudará en absoluto a un mejor logro de la investigación serán las fuentes impresas. Para este aspecto de la población, apenas existen monografías [11].

C) LA ESTRUCTURA DEMOGRÁFICA

Analizaremos en este apartado los principales aspectos de la población total de Florida en el conjunto de su territorio.

1) *Balance cuantitativo global*

Para el año de 1787 los habitantes del país sumaban 1.408 personas; en 1788, 1.792, y para 1790 había un total de 2.032 habitantes. En 1793 son 3.260 las almas de la provincia española; el ascenso continúa en 1804, año en el que encontramos una población de 4.441 almas. Por fin, para 1814 se contabilizan un total de 3.081 personas [12] (gráfica 1).

Fijándonos, pues, en el incremento o baja del total de la población, esto es, sumada como un conjunto, prescindiendo de su composición, tendríamos los siguientes porcentajes en cuanto a crecimiento, representados en tantos por mil, respecto a cada año anterior.

---

[11]   Aparte del trabajo de Lockey ya citado, únicamente nos hemos servido de tres trabajos: Corbett, Theodore: *Migration to a Spanish Imperial Frontier in the Seventeenth Eighteenth Centuries: St. Augustine.* En «Hispanic American Historical Review», August, 1974, Vol. 54, núm. 3. (Aunque no abarca el período que estudiamos); Dunkle, John R.: *Population change as an element in the Historical Geography of St. Augustine.* En «Florida Historical Quarterly», Vol. 37 (1958-59), y Potter, J.: *The growth of population in America. 1700-1860.* En «Population in History». London, 1969, págs. 631-689. Parece muy sugerente la obra de Rutherford, Robert E.: *Spain's possesive emigration for the Floridas, 1780-1806.* M. A. Thesis, University of Florida, 1952, aunque nada más conocemos de ella una breve reseña crítica.

[12]   Todas estas cifras están sacadas naturalmente de los diferentes Censos de población reseñados.

Balance de crecimiento

Año	‰
1787	—
1788	22,79
1790	80,9
1793	170,6
1804	28,5
1814	35,9

Así pues, en términos absolutos, esto es a partir del número de personas, la población creció desde 1787 hasta 1814, ya que hubo un aumento de 1.673 personas. Sin embargo, si nos paramos a examinar los porcentajes, veremos que el crecimiento real transcurrió entre los años 1787-1804. A partir de este último año hasta 1814, sufrió un balance negativo, tanto como un — 35,90 por mil. En definitiva, en cifras absolutas, la población aumentó desde la llegada de los españoles y a partir de ese año de 1804 dejó de crecer, incluso tomó una clara forma descendente.

Buscar una casuística a este fenómeno es difícil, tratándose Florida de una sociedad dividida en dos mitades total y absolutamente separadas socialmente, esto es, en libres y esclavos. Lo que sí nos resulta evidente es que este crecimiento-decrecimiento de la sociedad no debe obedecer únicamente a motivos puramente vegetativos, sino que otros factores posibilitarían la trayectoria poblacional del territorio. Entre éstos encontramos dos, el factor migratorio y el político-económico.

En cuanto al primero, ya es conocido cómo los fenómenos abiertos inciden de un modo muy decisivo en la demografía de las sociedades de corta población [13]. En este sentido el papel de las migraciones nos parece fundamental a la hora de explicarnos la evolución cuantitativa del grupo. Hay un hecho que nos llama la atención y es ver que sólo desde 1790 a 1793 ingresen en el territorio 1.079 inmigrantes [14], y si como hemos visto en ese mismo año de 1790 la provincia contabilizaba un total de 2.032 habitantes

---

[13] Vid. Pressat, R.: *El análisis demográfico.* México, 1967, pág. 338 y sigs.
[14] Nota adjunta al Censo de 1793 citado.

mientras que en 1793 con el aporte de esos 1.079 emigrantes, se nos da una cifra de 3.260 personas, podemos deducir la importancia de esa inmigración para el incremento real de la población. En definitiva, estamos obligados a decir que el alza advertida responde más a un incremento real que al exclusivamente vegetativo. Lo mismo ocurre en lo referente al retroceso poblacional. En efecto, a partir de unos años posteriores a 1804 se impidió la entrada de inmigrantes en el país, según ordenaba una Real Orden de 14 de noviembre de 1804 [15] algo que, si no se cumplió en su más amplio sentido, sí tuvo las lógicas repercusiones.

Al lado de todo ello —y en el mismo sentido— jugarían un importante papel las «migraciones forzadas» de esclavos que por motivos económicos llegan al país, unos traídos por los colonos y otros «importados» por ellos mismos posteriormente.

Igualmente debieron existir causas político-poblacionales que motivaron una baja de los efectivos de la sociedad. Entre ellos la revuelta que desde 1812 a 1813 existió en Florida y sus posteriores secuelas que trastornarían a la población en general [16]. A esto habría que añadir causas económicas derivadas de la situación del país. Algunas de estas razones nos las comentan los mismos contemporáneos: «la población ha mermado sin duda por los pocos recursos que ofrece su esterilidad, falta de los situados, protección en los campos, incursiones de los indios, insurrecciones de los habitantes y continuas rapiñas de los del Estado de Georgia de que es limítrofe» [17].

En resumen, podemos decir que Florida era un territorio prácticamente vacío. Ello posibilitó de una manera importante la inmigración de súbditos extranjeros y por otro lado fue causa de que la tierra quedase como un recurso excedente del que fácilmente pudieron apoderarse intereses externos al país. Por ello una de las causas donde buscar el origen del fenómeno inmigratorio estadounidense y la apropiación de las tierras floridanas por las

---

[15]   Enrique White a Someruelos. San Agustín, 7 de mayo de 1806. AGI, Cuba, 1560.

[16]   Para este episodio y todo su trasfondo político: Tebeau, Charlton W.: *A History of Florida*, págs. 104 y sigs.

[17]   Nota adjunta al Padrón de 1814 citado.

personas llegadas en función de ese fenómeno, es precisamente esa situación de baja densidad demográfica del territorio.

2) *División socio-racial*

Estudiado de un modo paralelo, como lo hemos venido haciendo hasta ahora, quedaría así configurada racialmente la población de Florida, siempre vista en conjunto:

	1788		1793		1814	
Blancos ...	1.078	62,35 %	1.607	49,29 %	1.302	42,26 %
Mulatos ...	—		106	3,25 %	74	2,40 %
Negros... ...	651	37,65 %	1.547	47,46 %	1.705	55,34 %
TOTAL ...	1.729	100,00 %	3.260	100,00 %	3.081	100,00 %

Las cifras son realmente muy expresivas por lo que se refiere a unos hechos a tener muy en cuenta dentro del contexto de la sociedad de Florida (gráfica 2). En primer lugar podemos observar el aumento de la gente de color dentro de la población, ya que si los blancos en 1788 representaban un 62,35 % del total del grupo, en 1793 eran un 49,29 % hasta bajar en 1814 a un 42,26 %. Por todo ello vemos que la población blanca que en principio era el grupo racial dominante fue posteriormente superada por la negra.

Otro hecho a valorar es que a partir de 1793 la población de color fue superior a la blanca, o sea que puede decirse que el territorio conoció un proceso de «coloreamiento» que terminó imponiéndose.

Para el análisis social utilizaremos los padrones de 1793 y 1814, puesto que el de 1788 no nos dice el estado social de los negros, lo cual hace quedarnos sólo con los blancos, impidiéndonos el estudio del conjunto de la población floridana.

Así pues, observando los padrones de 1793 y 1814, tenemos las siguientes cifras:

IV. — 4

Libres

	1793		1814	
Blancos	1.607	92,72 %	1.302	91,04 %
Mulatos	52	3,00 %	26	1,81 %
Negros	74	4,28 %	102	7,15 %
TOTAL	1.733	100,00 %	1.430	100,00 %

Puede verse que los blancos arrojaban mayor proporción de libres, aunque hubiese un pequeño porcentaje de negros que parece eran, en su mayoría, esclavos escapados de la vecina Georgia y que al pasar a Florida se convirtieron en libertos.

En cuanto a los esclavos tenemos las siguientes cantidades:

Esclavos

	1793		1814	
Mulatos	54	3,53 %	48	2,91 %
Negros	1.743	96,47 %	1.603	97,09 %
TOTAL	1.797	100,00 %	1.651	100,00 %

Una vez vistas estas cifras de población libre y esclava la compararemos con la población total y así veremos su valor con respecto a la sociedad en general de Florida. Para ello podemos contar con estos dos padrones citados, y de éstos recogemos los datos siguientes:

	1793		1814	
Población libre	1.733	53,15 %	1.430	46,41 %
Población esclava...	1.527	46,85 %	1.651	53,59 %
TOTAL	3.260	100,00 %	3.081	100,00 %

Igual que hemos visto cómo los negros habían superado a la población blanca, ahora es fácil observar que los esclavos que en 1793 estaban en inferioridad numérica a los libres, al final de la dominación española sobre Florida se convirtieron en mayoría. Sin duda esto es algo que debemos poner en relación con el aumento de los negros ya analizado (gráfica 3).

La casuística de ambos fenómenos es fundamentalmente socio-económica. El sistema agrícola de plantación, importado por los inmigrantes estadounidenses e implantado por ellos mismos (algo sobre lo que incidiremos más adelante en profundidad) necesitaba de una mano operaria esclava. A su vez el desarrollo de los cultivos exigiría cada vez un mayor número de negros, lo cual haría aumentar el contingente esclavo dentro del conjunto poblacional. Así pues, fueron, en última instancia, esos emigrantes los que convertirían a Florida en una sociedad de corte negro-esclavista, determinando así la futura trayectoria socia-racial del territorio.

Todo ello nos lleva a afirmar este proceso como la causa fundamental de la dependencia no sólo poblacional, sino también —en un aspecto fundamental— económica de Florida ante Estados Unidos. Fue tan poderosa esta ascendencia norteamericana sobre la sociedad de Florida Oriental que en zonas aledañas y con una geografía muy parecida —caso de Florida Occidental— hemos podido constatar la menor presencia de individuos negros-esclavos, hecho que parece motivado tanto por la no importación de normas agrarias —introducidas por extranjeros— ajenas al cultivo tradicional como por no haber recibido un tan poderoso aluvión migratorio estadounidense [18].

3) *División por áreas. Urbana y rural*

Si actualmente hay bastantes problemas para delimitar perfectamente —en lo que a lo demográfico se refiere— lo urbano de lo rural (la Oficina de Estadística de las Naciones Unidas observa que se usan entre diversos países hasta cinco conceptos principa-

---

[18] Tornero Tinajero, Pablo: *Notas para el estudio de la población de Pensacola.* En prensa.

les [19]) mucho más acusado se presenta la cuestión para la demografía del Antiguo Régimen o inmediatamente posterior. Se ha hecho general colocar la separación entre una y otra área en manera no rígida ni conceptualmente tajante, con el fin de un mejor conocimiento de sus especiales características.

En nuestro caso, no hemos encontrado aplicable a la sociedad de Florida ningún modelo de los utilizados por los diversos autores de demografía histórica europea. Por ello hemos adoptado un método propio para afrontar el problema, método, por supuesto, que se podría discutir.

Al referirnos a zona urbana, sólo podremos englobar a la ciudad de San Agustín por lo que la zona rural correspondería al resto del país. Pensamos que no había núcleo urbano en la provincia que pudiera considerarse como tal, excepto la ciudad nombrada. Quizá, a partir de 1803, Fernandina, en la Isla Amalia, tomó ciertos visos de ello por la importancia comercial que obtuvo cuando se colocó en ésta una aduana para regular el comercio de la zona. Sin embargo, no tenemos datos sobre ello, por lo que volvemos a repetir que cuando nos refiramos a zona urbana estaremos hablando de San Agustín y al hacer lo propio respecto a lo rural, al resto del territorio.

Nos auxiliaremos de los censos particulares de San Agustín en los años 1786 y 1805 y los generales al país de 1793 y 1814, de los cuales es posible deducir la división entre las dos áreas.

EVOLUCIÓN CUANTITATIVA.

A ñ o s	Población urbana		Población rural	
1786	943	—	—	—
1793	1.248	38,28 %	2.012	61,72 %
1805	1.485	—	—	—
1814	1.307	42,39 %	1.774	57,61 %

Asistimos, pues, al hecho, respecto al área urbana, de un incremento (aunque deba tenerse muy en cuenta —como ya hemos

---

[19]   Spiegelman, M.: *Introducción a la demografía*. México, 1972, págs. 287 y siguientes.

explicado— que en realidad lo urbano se constriñe a una sola ciudad). Sin embargo, al igual que vimos en la evolución cuantitativa de la población total, el crecimiento, en realidad, transcurre entre 1786 y 1805, pues el número de habitantes de la ciudad bajó en 1814 con relación a 1805. Es decir, que la curva de población prácticamente se correspondería a la del total del país. En general, ello obedecería a las mismas causas analizadas para el conjunto.

En lo que respecta a la población del campo, es bien notorio su descenso de 1814 con referencia a 1793. Por otra parte, para los años 1793 y 1814, en que es posible comparar el número de habitantes en ambas áreas, vemos cómo la rural ocupó la mayoría —más acusadamente en 1793 que en 1814—. Por último, las cifras nos indican que la baja de la población total entre los dos años citados se hizo a costa del grupo rural, que menguó entre los años citados, mientras la urbana incrementó su contingente.

DISTRIBUCIÓN DE LA POBLACIÓN POR ÁREAS SEGÚN SU CONDICIÓN SOCIO-RACIAL.—Nos ocuparemos en este apartado de relacionar los aspectos socio-raciales de la población con la división campo-ciudad. Para ello utilizaremos los censos particulares y generales a que anteriormente hemos hecho referencia.

En lo que se refiere al aspecto racial, el área urbana quedaría del siguiente modo:

Años	Blancos		Mulatos		Negros		TOTAL	
1786	651	69,03 %	3	0,33 %	289	30,64 %	943	100 %
1793	851	68,19 %	57	4,56 %	340	27,25 %	1.248	100 %
1805	1.006	67,74 %	50	3,36 %	429	28,88 %	1.485	100 %
1814	798	61,05 %	45	3,44 %	464	35,51 %	1.307	100 %

Lo que más nos llama la atención, al poner en relación habitat urbana con razas es el predominio constante de los blancos sobre mulatos y negros. Otro hecho igualmente reseñable es el aumento entre los años límite de los negros, algo diametralmente opuesto a lo que ocurre con blancos y mulatos que ven disminuir sus componentes.

En lo concerniente a la rural, estas son las cifras:

Años	Blancos		Mulatos		Negros		TOTAL	
1793	756	37,58 %	49	2,43 %	1.207	59,99 %	2.012	100 %
1814	504	28,41 %	29	1,63 %	1.241	69,96 %	1.774	100 %

Es perfectamente claro el comprobar el predominio de los negros sobre blancos y mulatos, circunstancia motivada por el hecho
socio-económico que ya comentamos anteriormente al referirnos a
la especial división socio-racial de la población total, por lo que no
insistiremos más sobre ello. De estas mismas razones ya aducidas
se comprende cómo en contra de una disminución cuantitativa de
blancos y mulatos entre 1793 y 1814, el contingente de negros
aumenta, a pesar del contexto general de baja poblacional que se
registra para todo el conjunto de la sociedad floridana entre los
dos años citados.

El aspecto social, su análisis por áreas, nos completará y en
definitiva nos vendrá a reafirmar las conclusiones obtenidas al
estudiar esta población según su condición racial. En este sentido
tomaremos como base los censos particulares y generales ya enunciados:

El área urbana vería repartidos sus habitantes, socialmente,
del modo siguiente:

Años	Libres		Esclavos		TOTAL	
1786	730	77,42 %	213	22,58 %	943	100 %
1793	936	75,00 %	312	25,00 %	1.248	100 %
1805	947	63,77 %	538	36,23 %	1.485	100 %
1814	867	66,34 %	440	33,66 %	1.307	100 %

A la vista de las cifras podemos decir que el predominio de
los libres sobre esclavos es un hecho claro. La causa parece ser
económica y radicaría en que la ciudad no necesitaría de mano de
obra esclava por su condición —fundamentalmente— de centro po-
lítico-burocrático. Este fenómeno está en íntima relación con lo
observado en el apartado anterior, donde veíamos la superioridad
blanca en esta misma zona urbana; pero al igual que allí observá-

bamos cómo fue paulatinamente, a lo largo del período estudiado, disminuyendo el número de blancos y aumentando el de mulatos y negros, ahora también puede captarse una tendencia a la baja entre los libres, mientras la proporción de esclavos se proyecta claramente alcista.

En cuanto a la repartición social en el área rural, estas son las cifras:

Años	Libres		Esclavos		TOTAL	
1793	797	39,61 %	1.215	60,39 %	2.012	100 %
1814	563	31,73 %	1.211	68,27 %	1.774	100 %

Es perceptible la mayor proporción de esclavos dentro de los habitantes radicados en zona rural. Algo, por otro lado, extremadamente lógico, si tenemos en cuenta el factor agrícola.

Por otro lado, lo mismo que al analizar este aspecto bajo el prisma racial, era notorio el aumento en la proporción de negros y mulatos entre los dos años citados, ahora volvemos a asistir al mismo hecho: un aumento porcentual de los esclavos tanto diacrónica como sincrónicamente y ello a pesar de ver disminuir —aunque muy ligeramente— su número.

Toda esta configuración socio-racial que caracteriza a la sociedad de Florida le vino impuesta por factores externos —léase inmigración norteamericana— que consiguió crear un orden nuevo y distinto a lo tradicional del territorio. Una vez más queda demostrada la dependencia con respecto al poderoso vecino y una vez más, también, se configura lo poblacional como causa primaria en el establecimiento de esa dependencia.

D) COMPOSICIÓN DEMOGRÁFICA

No ha sido nuestro interés realizar un exhaustivo análisis demográfico de la sociedad de Florida —algo por lo demás irrealizable a base de las fuentes consultadas, discontinuas y pobres—, sino solamente trazar un muy ligero esbozo de su composición que nos lleve a profundizar en el estudio que nos proponemos en el capítulo para llegar a unas determinadas conclusiones. Por todo ello —repetimos— no se busque en este punto y sus diversos subapartados un auténtico análisis demográfico.

El apartado ha sido dividido en dos claras secciones, una para la población libre (blancos, mulatos y negros) y otra para la esclava (mulatos y negros). Evidentemente, en una sociedad de corte esclavista como la de Florida —algo que ha quedado demostrado en páginas precedentes— existían condiciones de acercamiento mucho más elevadas entre un negro libre y un blanco que entre dos negros, uno esclavo y otro libre. Por ello el comportamiento demográfico de la población de Florida irá en función libertad-esclavitud, sin desdeñar por eso el concepto tan importante, en una sociedad como la de Florida, de la raza.

1) *Análisis socio-racial y comportamiento demográfico*

Esta interrelación se nos presenta como fundamental, puesto que el porvenir de crecimiento o decrecimiento poblacional del país, habremos de medirlo por estas características.

Población libre.—En la división por sexos de la población blanca, según los censos de 1788, 1793 y 1814, únicos utilizables, los varones siempre aventajaron a las hembras, como nos demuestra la relación de masculinidad, aunque en corta proporción:

	1788	1793	1814
R. M.	107,7	104,9	106,9

En cuanto a los mulatos libres, las cifras las buscamos en los censos de 1793 y 1814, puesto que en el de 1788 no aparecen reseñados mulatos. Según la relación de masculinidad siguiente, para la primera fecha las hembras son una mayoría, para la segunda la proporción de varones es manifiesta:

	1793	1814
R. M.	67,7	333,3

De las mismas fuentes nos auxiliaremos para analizar la población negra libre:

	1793	1814
R. M.	94,7	155,0

Es decir, que asistimos al mismo fenómeno que con los mulatos. Las mujeres son mayor proporción en 1793, hecho que se cambia para 1814. Esto se observó en las cifras ya expuestas.

En definitiva, podemos decir que entre la población libre, la masculina superó a la femenina, si nos fijamos en el padrón de 1814; y por el contrario, en el anterior de 1793 los varones prevalecieron entre los blancos y las mujeres en la población libre de color.

A continuación pasaremos al análisis de la composición por edades del grupo libre. Es sobradamente conocida la importancia de ese aspecto poblacional para cualquier sociedad. Este interés se reafirma en un caso como el estudiado por nosotros. En efecto, si sabemos que de una determinada tabla de edades se derivan unas ciertas condiciones de fecundidad y mortalidad, en definitiva, la postrer trayectoria de la población (y ya es conocido cómo en los pequeños núcleos de población esta composición por edades es indefectiblemente determinada por un factor externo a la población como es la inmigración) se comprenderá que en la sociedad de Florida esa migración norteamericana jugará un papel primordial en el orden de determinar su futuro demográfico. Por todo ello no dudamos en afirmar el rol tan importante que en este aspecto representa la presencia estadounidense, como causa de dependencia.

La población blanca quedaría distribuida por edades según los dos padrones de 1788 y 1814 del modo siguiente:

Edades	Hombres	Mujeres	TOTAL	
0-7	160	189	349	33,38 %
7-16...	81	78	159	14,74 %
16-25	62	62	124	11,50 %
25-40	140	116	256	23,76 %
40-50	77	40	117	10,85 %
50	39	34	73	6,77 %
	559	519	1.078	100,00 %

Por otro lado, la estadística de 1814 ofrece estos datos:

Edades	Hombres	Mujeres	TOTAL	
0-7	154	127	281	21,58 %
7-16...	127	133	260	19,97 %
16-25	122	151	273	20,96 %
25-40	115	129	244	18,74 %
40-50	72	44	116	8,90 %
50	83	45	128	9,85 %
	673	629	1.302	100,00 %

Entre las dos fechas observadas asistimos a un desarrollo de los grupos infantiles que aunque pierden valor proporcional en 1814 para que en ese mismo año aumente el grupo de edades juveniles, continúan teniendo supremacía. Igualmente advertimos, entre los dos años, un descenso de las edades maduras y un aumento de la importancia relativa de los viejos.

En cuanto a la valoración cuantitativa de los módulos de edades —aunque los censos presentan éstos de una manera proporcional y poco significativa— para 1788 el de 0-7 y 25-40 ocupan supremacía. Sin embargo, este último es fácil ver que es más amplio en años que los demás, por lo que en realidad le superaría el de 7-16, ya que aunque consta con menos personas, también tiene un número absoluto de años menor. Para 1814 tendríamos, igualmente, supremacía de esas edades.

En definitiva, la composición por edades observada nos hace presumir una elevada tasa de fecundidad al tiempo que el aumento de viejos podría significar una baja de la mortandad, todo lo cual llevaría a un crecimiento futuro de los pobladores blancos, aunque siempre habría que tener en cuenta —como una variable aleatoria— el factor migratorio.

En cuanto a la composición por edades de los mulatos libres, su escasísimo número hace innecesario cualquier comentario. Por lo referente a los negros libres, el padrón de 1814, único que nos facilita información, ofrece los siguientes datos:

1814

Edades	Hombres	Mujeres	TOTAL	
0-7	7	9	16	15,68 %
7-16...	14	8	22	21,56 %
16-25	11	9	20	19,60 %
25-40	22	13	35	34,32 %
40-50	6	1	7	6,87 %
50	2	—	2	1,97 %
	62	40	102	100 %

Aunque por módulos de edades tiene supremacía el de 25-40, entendido en términos absolutos, proporcionalmente parecen ser las edades infantiles y juveniles las que predominarían. Al contrario que en los blancos, la proporción de ancianos es mínima dentro del total poblacional. Evidentemente y por muchas razones la esperanza de vida entre los negros estaría situada en una edad menor que para los blancos, al tiempo que las tasas de mortalidad sería más alta para la población de color.

En cuanto a la división por estados del grupo blanco, las fuentes ya citadas ofrecen estos datos:

	1788		1814	
Solteros	689	63,91 %	830	63,76 %
Casados	349	32,37 %	380	29,18 %
Viudos	40	3,72 %	92	7,06 %

Entre las dos fechas asistimos a una casi estabilización en el número proporcional de solteros, mientras el valor de los casados baja para elevarse el de viudos. Los varones estarían repartidos entre:

	1788		1814	
Solteros	371	66,36 %	454	67,45 %
Casados	176	31,48 %	188	27,94 %
Viudos	12	2,16 %	31	4,61 %

Las hembras en:

	1788		1814	
Solteras	318	61,28 %	376	59,78 %
Casadas	173	33,33 %	192	30,53 %
Viudas	28	5,39 %	61	9,69 %

Antes de entrar en el análisis de estas cifras, precisaremos que la diferencia observada entre el número de casados-casadas es debida al hecho de que una parte de esos inmigrantes, de los que hemos venido hablando, habrían llegado a Florida sin su respectivo cónyuge, que habría permanecido en el lugar de origen, hecho que, sin embargo, no dejaba de convertir en casado-a a la persona en cuestión. Este fenómeno es general tanto a los blancos como a los mulatos y negros libres.

A la vista de estos datos, diremos que entre los varones, los solteros aumentan porcentualmente entre un año y otro, al igual que los viudos, mientras retrocede el valor de los casados. Las hembras, también proporcionalmente, ven disminuir a solteras y casadas, a la par que las viudas aumentan. El mayor porcentaje de viudedad entre las mujeres obedece al hecho general en demografía de que la edad del hombre casado es más alta que la de la mujer además del postulado de que la mortalidad adulta es más acusada entre los hombres que para las mujeres. Por último, la repartición por estados ofrecida nos indica un postrer desarrollo del grupo blanco; un contingente importante de casados unidos al fuerte volumen de solteros-as que parece predecir un aumento de la nupcialidad que llevaría, a su vez, a una mayor natalidad.

No cabe la menor duda de la influencia tan extraordinaria que la inmigración norteamericana supone a la hora de configurar por estados a la población del territorio, con las consecuencias que esta parcela de la demografía tiene para la trayectoria de una sociedad. De nuevo la presencia norteamericana tanto cuantitativa como cualitativamente está haciendo sentir su presencia sobre el mundo floridano.

En lo que se refiere a mulatos libres, únicamente tenemos información en la estadística de 1814:

Solteros		Casados		Viudos		TOTAL	
17	65,38 %	6	23,08 %	3	11,54 %	26	100 %

A su vez los varones arrojan estas cifras y porcentajes:

Solteros		Casados		Viudos		TOTAL	
15	75 %	3	15 %	2	10 %	20	100 %

Las hembras:

Solteras		Casadas		Viudas		TOTAL	
2	33,33 %	3	50 %	1	16,77 %	6	100 %

En general llama la atención el elevado contingente de solteros, cuestión que se pone más de relieve entre los varones. Respecto a ello debemos decir que tanto para los mulatos como para los negros libres era muy frecuente el que éstos se declarasen como solteros-as, aun estando unidos a otra persona. Por ello hay que tomar con reservas las cifras expuestas y al tiempo no hacer hipótesis sobre el posterior desarrollo demográfico del grupo mulato o negro libre con base a este análisis por estado. Este fenómeno reseñado ya lo hemos podido también constatar al estudiar la sociedad de Pensacola en la misma época [20].

Por último, en este examen del grupo libre, llegamos a los negros. El censo de 1814 nos muestra los siguientes datos:

---

[20] Tornero Tinajero, Pablo: *Notas para el estudio...*

Solteros		Casados		Viudos		TOTAL	
63	61,76 %	33	32,35 %	6	5,89 %	102	100 %

De ellos los varones en:

Solteros		Casados		Viudos	TOTAL	
42	67,74 %	20	32,26 %	—	62	100 %

Las mujeres con:

Solteras		Casadas		Viudas		TOTAL	
21	52,50 %	13	32,50 %	6	15,00 %	40	100 %

El comentario que puede hacerse de estos datos es el ya realizado anteriormente al referirnos a los mulatos libres. (Gráfica 4).

POBLACIÓN ESCLAVA.—La clasificación por sexos del grupo esclavo será realizada a partir de los censos de 1793 y 1814.

En los mulatos, casi sorprendentemente, advertimos una perfecta igualación por sexos, según nos demuestra la relación de masculinidad:

	1973	1814
R. M.	100	100

Para los negros la relación de masculinidad demuestra la preponderancia masculina, algo propio entre los esclavos, si tenemos en cuenta exclusivamente su función laboral:

	1973	1814
R. M.	110	130

Nos referiremos a continuación a la composición por edades de esta población esclava. Hemos señalado anteriormente la importancia de las migraciones a la hora de configurar las edades en la sociedad de Florida. En el caso de los esclavos, también ellas tendrían una fuerte influencia; otra vez la inmigración norteamericana estaría mediatizando la demografía del territorio, ahora en lo referente al grupo esclavo. En efecto, los colonos norteamericanos provocarían a su vez «migraciones forzadas» de esclavos, para sus tareas agrícolas. Estos esclavos serían llevados al territorio, a una determinada edad, se supone la más propicia para sus funciones agrícolas.

El cuadro de edades para los mulatos nos lo configura el censo de 1814:

Edades	Varones	Hembras	TOTAL	
0-7	7	6	13	27,08 %
7-16	6	6	12	25,00 %
16-25	8	5	13	27,08 %
25-40	3	7	10	20,84 %
40-50	—	—	—	—
50-	—	—	—	—
	24	24	48	100,00 %

El predominio de edades jóvenes es perfectamente notorio, mientras que por módulos de años el de 0,7 es el que engloba un mayor número de personas, ya que aunque igualado, aparentemente, al de 16-25, aquél por contar con menor diferencia de años, se mantiene superior. Igualmente llama la atención la ausencia absoluta de personas comprendidas en edades avanzadas, hecho que estaría provocado por las causas explicadas anteriormente.

Para referirnos a la composición por edades del grupo negro, también contamos con la estadística de 1814 únicamente.

Edades	Varones	Hembras	TOTAL	
0-7	132	93	225	14,03 %
7-16	139	109	248	15,47 %
16-25	398	319	717	44,73 %
25-40	158	123	281	17,53 %
40-50	53	33	86	5,36 %
50-	29	17	46	2,88 %
	909	694	1.603	100,00 %

Es bien visible el predominio de las edades juveniles, superando incluso a las infantiles, al tiempo de la escasez de las más maduras. Por módulos de edades sobresale con mucho el de 16-25, hecho del todo lógico a raíz de los planteamientos que hemos venido repitiendo.

Por último tendremos que decir que a la luz de estas cifras no podremos sacar conclusiones sobre el crecimiento o decrecimiento de la población esclava, ya que su futuro no estaría tanto en su propio desarrollo natural, sino en las necesidades agrícolas que harían aumentase o disminuyese la «importación» de estos esclavos.

Para el análisis por estados del grupo en cuestión, también solamente contamos con el censo de 1814.

Los mulatos esclavos ofrecen estas cifras:

Solteros		Casados		Viudos		TOTAL	
45	93,75 %	3	6,25 %	—	—	48	100 %

A su vez los varones quedaban separados en:

Solteros		Casados		Viudos		TOTAL	
23	95,83 %	1	4,17 %	—	—	24	100 %

Las mujeres, por su parte:

Solteras		Casadas		Viudas		TOTAL	
22	91,66 %	2	8,34 %	—	—	24	100 %

En lo que se refiere a los negros, todos aparecen como solteros, tanto los varones como las hembras.

Esta supremacía de solteros tanto en mulatos como negros, nos viene a confirmar lo expuesto anteriormente, al analizar la división por estados entre los libres: las personas casadas no se reconocían como tales. Por ello es absolutamente incongruente el plantearnos la evolución posterior del señalado grupo.

En definitiva, volvemos a repetir, toda la composición demográfica del grupo esclavo obedece a un orden poblacional mucho más real que natural, puesto que estaría determinado por esas «migraciones forzadas» en que llegarían al territorio y en las que el papel económico del nuevo poblador estadounidense tendría un mucho que ver, determinando una vez más el contexto histórico-poblacional de la colonia española.

E) EL FENÓMENO MIGRATORIO

Dentro de este capítulo dedicado a la población de Florida, el aspecto sin duda más importante por las repercusiones que ello tuvo tanto en los ámbitos demográficos como sociales fue el migratorio. A lo largo de páginas anteriores ha quedado demostrado de un modo concluyente la influencia sobre la sociedad de Florida de este fenómeno. En las siguientes intentaremos analizar todo lo referente al proceso migratorio.

El epígrafe ha sido dividido en dos grandes apartados. En el primero nos referiremos a aspectos poblacionales de esta inmigración, es decir, a cuantificar y cualificar este aspecto demográfico. En el segundo interrelacionaremos esto con el problema económico-agrícola de la región, es decir las repercusiones de la inmigración sobre el régimen agrícola del territorio tanto en el modo de producción como en sus específicas labores.

1) *Causas del desplazamiento*

Cuando España en 1783 vuelve a su antiguo dominio de Florida, las ideas de sus gobernantes habían cambiado con respecto al continente americano en general y también en lo concerniente a esa área de frontera constituida fundamentalmente por los territorios de Luisiana, Florida Oriental y Occidental. La Corona, siguiendo el modelo mercantilista, adoptó una política populacionista para este tipo de territorios. Pensó que un incremento de la población en esas áreas contribuiría eficazmente a una mejor defensa y desarrollo de esas zonas hasta entonces poco atendidas.

De la misma manera que envió emigrantes canarios a Texas, Venezuela y Montevideo, también los establece en Luisiana[21] y Florida Occidental. En cambio para otros lugares como Trinidad, a partir de 1786, permite la libre entrada de colonos extranjeros. El último caso lo tenemos para Florida Oriental, donde la administración española permite y favorece la entrada de súbditos no españoles, con la única condición de ser católicos o convertirse a esa doctrina los que profesaran otra distinta, hecho que en repetidas ocasiones se olvidó.

Sin embargo, la causa de cualquier fenómeno migratorio no podemos buscarla solamente en el país receptor, sino en el de partida de esos emigrantes. En nuestro caso no sólo está motivada esa inmigración por los propósitos políticos de los gobernantes españoles, sino también por la expansión poblacional y económica del territorio fronterizo, es decir los Estados Unidos.

En efecto, Estados Unidos estaba asistiendo a un desarrollo acelerado de su población que le permitió pasar de 3.929.214 habitantes en 1790 a 9.638.453 en 1820, y al mismo tiempo a un gran avance de su población hacia tierras más al oeste de las primitivas trece colonias. A su vez un hecho económico vino a acelerar este proceso migratorio. La producción industrial había aumentado vertiginosamente en la época revolucionaria norteamericana, tanto por una fuerte demanda del mercado interno de consumidores —por obra del crecimiento poblacional— como por el comercio exterior. La industria textil había sido de las más favorecidas por esta coyuntura, y concretamente el algodón se convirtió en uno de los artículos más cotizados por los fabricantes. Este producto sufrió un fuerte impacto en su cultivo y recolección al inventar Whitney la desmontadora que «hizo posible la separación de las semillas del algodón superfino o de fibra corta que, a su vez, hizo rentable el cultivo de esa planta para las ya hambrientas fábricas de tejidos de algodón de Inglaterra y Nueva Inglaterra»[22]. Así

---

[21] Vid. Morales Padrón, Francisco: *Colonos canarios a Indias.* En «Anuario de Estudios Americanos», Vol. VII, y Tornero Tinajero, Pablo: *Emigración canaria a Indias: La expedición cívico-militar de 1777-1779 a Luisiana.* «I Coloquio de Historia Canario-Americano». Las Palmas, 1976.

[22] Savelle, Max: *Historia de la civilización norteamericana.* México, 1962, página 198.

pues, ya fue posible no sólo recolectar el necesario para el consumo fabril de Norteamérica, sino que ésta comenzó a exportarlo en cantidades masivas a la Inglaterra que comenzaba su Revolución Industrial.

Puede decirse con M. Savalle que «en realidad fue la invención de la desmontadora de algodón lo que dio el mayor impulso al movimiento migratorio de las gentes del sur hacia el viejo sudeste» [23]. La demanda de tierras algodoneras entre los labradores norteamericanos se hizo cada vez más fuerte. Frente a ello, por este tiempo, en los Estados Unidos era caro y difícil conseguir tierras: «las Ordenanzas de 1785 habían dispuesto que no se vendiese a un comprador menos de una sección (640 acres) y que la tierra había de venderse en pública subasta a no menos de un dólar por acre [24]. La única solución que le quedaba al labrador era emigrar en busca de nuevas tierras. En esa ocasión la tierra de promisión podría ser Florida.

Los emigrantes afluyeron hacia Florida, tierra apta para este cultivo, puesto que la Corona española abría las puertas de su provincia a cualquier colono. Los emigrantes —labradores norteamericanos— lo hicieron con sus negros y su moderno utillaje. Una auténtica revolución demográfica y económica iba a producirse en Florida. Desde ese momento había tomado forma una de las causas más importantes en las que buscar la dependencia del país.

2) Cuantificación

Ya al hablar de las fuentes disponibles para el estudio de la inmigración, señalamos que eran muy pobres y sólo nos permitían cubrir aspectos muy concretos. En este caso nos encontramos al analizar el problema de la cuantificación, es decir de evaluar el número de inmigrantes que cruzaron las fronteras de Florida durante toda la dominación española. Ya se explicó también las limitaciones que para tratar este tema tenían las fuentes disponibles.

Tenemos noticia de la llegada de inmigrantes a partir de 1790. Desde esta fecha hasta 1793, resultan haber entrado en el país 1.079

---

[23] *Ibídem.*
[24] Savelle, Max: *Op. cit.*, pág. 189.

personas, de las que no se especifica ni el sexo, estado, edad o raza.

Desde 1797 a 1811, basándonos en los Libros Reales citados, resultan haber emigrado hacia Florida 223 cabezas de familia. En dichos Libros únicamente se registran los nombres de éstos, no citándose los de sus mujeres ni el número de hijos por familia, aunque sí los negros traídos por estos inmigrantes. Naturalmente a esta cifra habría que añadir un porcentaje elevado representado por los llegados de una manera subrepticia. Por ello todas las cifras hasta aquí dadas, sólo se pueden aproximar al volumen total de inmigrantes.

En lo que respecta a la cuantificación por años de los inmigrantes y número de negros introducidos por ellos, tenemos las siguientes cifras y porcentajes que se derivan de los Libros Reales.

Años	Cabezas de familia		Negros	
1797	20	8,97 %	—	—
1798	11	4,94 %	—	—
1799	14	6,28 %	15	0,92 %
1800	11	4,94 %	—	—
1801	4	1,79 %	—	—
1802	30	13,46 %	31	1,89 %
1803	73	32,74 %	1.093	66,73 %
1804	38	17,04 %	306	18,69 %
1805	3	1,34 %	11	0,68 %
1806	6	2,69 %	64	3,90 %
1807	—	—	—	—
1808	3	1,34 %	18	1,09 %
1809	2	0,89 %	—	—
1810	1	0,44 %	—	—
1811	7	3,14 %	100	6,10 %
	223	100,00 %	1.638	100,00 %

(Gráficas 5 y 6).

De estas cifras podemos deducir que en términos absolutos los años en los que entraron mayor número de personas en Florida fueron 1803, 1804 y 1802 por este orden. Igualmente podemos observar que entre los años 1797 a 1804 es cuando el país va a absorber el mayor número de inmigrantes, puesto que a partir de ese año la baja en las entradas es considerable. Este hecho va, sin duda, relacionado con la orden dada, prohibiendo la entrada de extranjeros en el país a partir de 1804, orden que aunque no fue cumplida tajantemente, vemos tuvo una cierta influencia en el flujo migratorio. Respecto a los negros, los años en que más de ellos entraron están en concordancia con los de mayor inmigración. Hecho lógico si pensamos que a mayor número de inmigrados, mayor volumen de negros introducidos. En cambio otros años de fuerte entrada de negros no se corresponden con alza inmigratoria, debido al hecho aislado de que hubiese personas que llevasen con ellos e introdujesen un elevado número de los referidos esclavos.

3) *Cualificación*

Para dividir la sociedad de Florida según el origen patrio de sus habitantes, apenas contamos con fuentes cuantitativas —sólo para una parte de los inmigrados, los ya reseñados y que fueron controlados oficialmente—, sino únicamente cualitativas.

Entrando en este análisis diremos que los pobladores del territorio estaban compuestos fundamentalmente por tres grandes grupos: uno primero donde englobamos a los habitantes autóctonos de la región, es decir, a los indios; otro formado por los españoles y los propios nacidos en la provincia (entre los españoles destacan los menorquines [25]) y por fin un tercer grupo formado por extranjeros.

Estos últimos, a su vez, podemos dividirlos en varios núcleos. Uno primero formado por los ingleses que se quedaron en el país

---

[25] De estos menorquines dicen las fuentes de la época: «Los menorquines son gente laboriosa, todos así grandes como chicos, aunque criados entre ingleses han conservado la religión católica y usan de la lengua madre. Unos son tratantes, otros labradores y otros siguen la pesca; hay entre ellos muy pocos de oficio. Entre los tratantes hay caudales de 1.000 a 8.000 pesos y algunos de éstos son dueños de balandras y goletas. El mayor número cultivan el campo en las inmediaciones de la ciudad, pocos o ninguno tienen tierras en propiedad, arriendan cuatro o cinco anegadas de sombrío en que levantan maíz o alguna hortaliza». (Céspedes a Gálvez. San Agustín, 20 de octubre de 1784. AGI, Cuba, 150.)

cuando Gran Bretaña dejó Florida a España y los descendientes de ellos. Otro grupo en el que entrarían italianos, griegos y alemanes, ya establecidos en tierras floridanas durante la dominación inglesa y que permanecieron en el país. Un contingente numeroso de norteamericanos «realistas» que se refugiaron en el país al finalizar la guerra de independencia y que por haber combatido al lado de Inglaterra tuvieron que salir de su patria marchando a varias zonas limítrofes de soberanía británica, entre las cuales estaba, en esa época, Florida Oriental. Por fin, el numeroso grupo de personas llegadas a Florida como inmigrantes, como «nuevos pobladores» que acudieron a la provincia respondiendo a la llamada de las autoridades españolas.

Anteriormente decíamos que sólo podríamos medir este último grupo, puesto que es para el único que contamos con cifras.

Los 223 inmigrantes, cabezas de familia, se repartían entre las siguientes nacionalidades, según la *Relación de nuevos pobladores*, citada anteriormente.

Estados Unidos	Inglaterra	Irlanda	Francia	Otros	TOTAL
162 72,65 %	22 9,86 %	12 5,38 %	21 9,42 %	6 2 %	69 223 %

Es decir, que los inmigrantes norteamericanos eran prácticamente mayoría absoluta sobre los demás. Además debemos hacer notar, de que eran ellos los que realmente entraban como colonos, hecho que puede deducirse al observar en las fuentes estudiadas que eran norteamericanos los que declaraban introducir negros y objetos de labranza.

Si a éstos unimos los ya llegados desde 1790 a 1793 y los asentados después de la emancipación de las trece colonias es fácil deducir que la mayor parte de los habitantes del país eran de origen estadounidense. Los mismos contemporáneos de la época lo atestiguan: «Todos o la mayor parte de los habitantes de esta provincia son angloamericanos» [26]. Los gobernantes de Florida atestiguaban esta circunstancia: «El vecindario español no compone la sexta parte del número de los habitantes. Los estilos, usos y cos-

---

[26] Estrada a Luis de Onís. San Agustín, 14 de marzo de 1811. AGI, Cuba, 1710.

tumbres son extranjeros y se puede asegurar que la primera lengua que hablan los niños es la inglesa» [27].

Hubiese sido muy interesante y explicativo el haber analizado el origen regional de los inmigrantes norteamericanos. Ha sido del todo imposible hacerlo exhaustivamente, puesto que en los ya referidos Libros Reales no aparece el lugar de procedencia de todos estos inmigrantes, sino únicamente el de algunos. Con base en estos que se presentan reseñados en su procedencia puede afirmarse que casi todos procedían de regiones y ciudades sureñas: Georgia, Savanah, etc., hecho que concuerda perfectamente con las consideraciones que expusimos a la hora de analizar las causas de esta emigración.

4) Consecuencias de la inmigración norteamericana para la población de Florida

En realidad las consecuencias ya han quedado suficientemente explicadas a lo largo de todas las páginas antecedentes. Nos parece que fueron unas consecuencias trascendentales y decisivas para todo el contexto poblacional y demográfico del territorio y ya han quedado exhaustivamente demostradas. Por ello vamos a referirnos aquí solamente a las consecuencias para el territorio del dominio cuantitativo de los norteamericanos sobre el resto de los habitantes de Florida.

Las autoridades floridanas no consiguieron comprender que el chorro continuo de inmigrantes estadounidenses estaba convirtiendo al país en una colonia norteamericana. A pesar de la Real Orden que prohibió la entrada de extranjeros a partir de 1804 la administración del país les continuó permitiendo la entrada. Sólo en 1812 el Gobernador Kindelan se mostró tajante: «De ninguna manera conviene se establezcan en la jurisdicción individuos de los Estados Unidos. Vale más que la provincia quede sin habitantes» [28]. En definitiva, las consecuencias de este dominio cuantitativo de la población fueron nefastas. La realidad de que Florida no contase con mayoría de súbditos de su propia nacionalidad, sino

---

[27] Kindelan a Apodaca. San Agustín, 12 de septiembre de 1812. AGI, Cuba, 1789.
[28] *Ibídem.*

que los habitantes de otro país dominasen y condicionasen la sociedad significaba el crear una dependencia tan absoluta que ello le hizo perder su propia identidad y convertirse en país satélite de su vecino dominador.

Por lo demás la influencia de la inmigración superará el propio ámbito poblacional para trascender al económico donde como veremos su incidencia también será decisiva.

5) *Inmigración y régimen agrícola*

En una sociedad agrícola como la de Florida, donde el núcleo industrial era nulo, dos de los factores de la producción, los hombres y la tierra, parece que estuvieron mediatizados por la presencia estadounidense, en forma de sus emigrantes, integrándose así estos factores en esa estructura de dependencia que sigue a Florida a lo largo de toda su historia.

Respecto al tercer factor, el capital, es muy probable que ocurriese lo mismo aunque ello no estamos en condiciones de demostrarlo, puesto que no hemos localizado las fuentes que nos lo permitan.

El factor correspondiente a los hombres ya ha sido analizado en páginas precedentes y por ello en las siguientes intentaremos, al menos, demostrar que estos inmigrantes norteamericanos consiguieron un control muy fuerte de la tierra, lo cual acarreará consecuencias que afectaron de manera decisiva al país.

PROPIEDAD DE LA TIERRA E INMIGRACIÓN.—De la misma manera que España concedió amplias facilidades a españoles y extranjeros para establecerse en las zonas más conflictivas de su imperio, caso de Florida, territorio de frontera —por las razones aducidas en páginas anteriores—, se mostró igualmente magnánima a la hora de conceder tierras a esos «nuevos pobladores», como serían llamados los llegados a estas zonas. En efecto, una medida debía corresponder a la otra. La única manera de patrocinar y fomentar esa emigración sería ofrecerles condiciones ventajosas, y entre ellas la donación gratuita de terrenos de labor, máxime en un momento en que la demanda de tierras era muy fuerte entre los agricultores estadounidenses con objeto de cultivar algodón (como ya comentamos ampliamente). La *Real Cédula e Instrucción para la Población y Comercio de la Florida Oriental*, daba las normas fundamentales por las que había de regirse el acceso a la propiedad de la tierra. En primer lugar se concedían terrenos a los católicos en general que vivían anteriormente en la provincia a la llegada de los españoles, esto es, durante la dominación inglesa; después a los españoles que gozaron de terrenos hasta el año 1763 en que se vieron obligados a partir. Por último, se repartían entre los «nuevos pobladores»: «A cada persona blanca de ambos sexos señalaran cuatro fanegas y dos séptimos de tierra, y la mitad por cada esclavo negro o pardo que llevasen consigo los colonos, haciéndose el repartimiento con la mayor igualdad, de modo, que todos participen de lo bueno, mediano e ínfimo»[29]. Del mismo modo se señalaba la mitad de este repartimiento a negros y pardos libres, aumentando sus terrenos en proporción a esclavos. Ello se complementaba con las instrucciones dadas, con el mismo objeto de reparto de la tierra, dadas por el Gobernador Quesada en su Bando de Buen Gobierno de 1790: «A todos los habitantes estantes y moradores, vasallos de S. M., concederé en su Real Nombre para su uso la porción de tierras que necesitasen, a proporción de sus fuerzas en cualquiera parte de esta desierta provincia, sin excepción alguna»[30].

Las normas jurídicas enunciadas tuvieron como consecuencia fundamental el que la mayor parte de las tierras de Florida pasasen a manos de los inmigrantes norteamericanos llegados a ellas. En primer lugar por una mera razón biológica, al ser éstos, cuantitativamente, mayoría entre el total de los pobladores del país. Pero además, la lectura de las expresadas disposiciones legales nos hacen inmediatamente comprender que éstas favorecieron en mucho la acumulación de tierras en manos de los inmigrantes, en detrimento de los súbditos españoles, puesto que el colono que contase con esclavos de su propiedad salía muy beneficiado en el reparto y puede decirse —con las naturales excepciones— que el

---

[29] *Real Cédula e Instrucción para la Población y Comercio de la Florida Oriental*. S. l., 5 abril 1786. Artículo 7. AGI, Santo Domingo, 2587.

[30] *Bando de Buen Gobierno para Florida Oriental*. San Agustín, 1790. AGI, Cuba, 434.

poseedor de mano de obra esclava era el colono norteamericano, hecho que no se daba en el labrador español, las más de las veces un simple pegujalero.

Pero la cuestión se agravaba más al cumplirse esta legislación sobre repartimiento, y es que a estos inmigrantes extranjeros, sobre todo, norteamericanos, se les daba la posibilidad no sólo de conseguir extensas propiedades, sino de conservar éstas a perpetuidad, creando una auténtica «clase alta agrícola» que acapararía la mayoría de los terrenos y más tarde tendría la posibilidad de poseer una fuerte influencia en la sociedad y política floridana. En efecto, otra ordenanza de la Real Cédula citada decía: «Pasados los cinco primeros años del establecimiento de los colonos extranjeros en aquella Provincia y obligándose entonces a permanecer perpetuamente en ella se les concederán todos los derechos y privilegios de naturalización, igualmente que a los hijos que hayan llevado o les hubiesen nacido en la misma provincia, para que sean admitidos de consiguiente en los empleos honoríficos de República y de la Milicia, según los talentos y circunstancias de cada uno» [31].

Sólo al final de la dominación española se dieron cuenta las autoridades floridanas del error cometido en la política de tierras y que dio origen a la estructura de su propiedad. El Gobernador Kindelan, en 1812, preconizaba la entrega de tierras a todos los españoles del país, tanto civiles como militares en un afán de reconquistar agrícolamente el territorio, decía: «Soy de sentir que a todos los españoles tengan o no esclavos se les dé gratis las tierras que les correspondan por el número de sus familias..., que excepto a los gobernadores, auditores y oficiales reales, a los demás empleados, oficiales y tropas de batallón que estén casados se les den también terrenos sin costo, ni gravamen alguno» [32]. Un año más tarde, Fernando de la Maza Arredondo, diputado de la Florida Oriental, pedía también la entrega de tierras a los españoles: «Que se les mercede, en absoluto dominio de propiedad, seis caballerías de tierras a cada cabeza de familia y tres por cada individuo de los que se componga su familia y esclavos» [33]. Evidentemente las

---

[31] *Real Cédula e Instrucción para...* Artículo 10.
[32] Kindelan a Apodaca. San Agustín, 12 de agosto de 1812. AGI, Cuba, 1789.
[33] Fernando de la Maza Arredondo al Presidente y Sres. Vocales de la

autoridades de Florida querían hacer cambiar las cosas. Ya nada más nombraban la palabra españoles a la hora de repartirse tierras y a ellos únicamente se les ofrecían, por otro lado, prueba indudable de que no debían ser muchos de éstos los que contasen con propiedades. Pero estas nuevas disposiciones o recomendaciones llegaron demasiado tarde.

COLONOS NORTEAMERICANOS Y MODO DE PRODUCCIÓN. CAUSAS Y CONSECUENCIAS.—El que fuesen colonos norteamericanos los principales propietarios y cultivadores de la tierra en la provincia española tuvo como primera consecuencia el que aquéllos aplicasen un determinado modo de producción agrícola, ajeno por entonces a la economía de la provincia. En efecto, así como vimos que la demanda de tierras algodoneras motivó la emigración de los norteamericanos hacia Florida, del mismo modo vino a ser el cultivo del algodón la principal actividad de estos emigrantes en el territorio en cuestión.

Por todo ello la unidad económica fue allí la plantación de algodón «extensión del viejo sistema de plantación del sur de Estados Unidos que había comenzado con las plantaciones de tabaco y arroz»[34] y que funcionaba a base de una masa laboral esclava y gran extensión de tierra que variaba según los casos, todo ello apoyado con una moderna tecnología y un poderoso capital aportado por los mercaderes de Charleston o Savanah.

Así pues, los colonos extranjeros impusieron el cultivo del algodón, con el fin de exportarlo a los Estados Unidos, e hicieron de esa actividad prácticamente su única labor agrícola.

Frente a estos colonos se encontraba una muy escasa población de españoles y floridanos —ya de por sí factor muy negativo a la hora de explotar el territorio—, formada por dos tipos. Uno no participante en la agricultura, sino que vivía a expensas de la administración. Valga como ejemplo el decir que en la ciudad de San Agustín las tres cuartas partes de su población se hallaban a sueldo de la Corona española[35]. Por otro lado, un menguado número de

---

Diputación Provincial. San Agustín, 22 de julio de 1813. AGI, Santo Domingo, 1285.

[34] Savelle, Max.: *Op. cit.*, pág. 198.

[35] Fernando de la Maza Arredondo al Presidente y Sres. Vocales de la

agricultores a los que era muy difícil su labor, al no contar con capital acumulado, con mano de obra esclava, ni utillaje moderno, tampoco con unos comerciantes que les prestasen el suficiente capital para hacerse de esto último con el que desarrollar una agricultura comercial (a ejemplo de lo que sucedía en las islas azucareras del Caribe) ni, en definitiva, existir créditos oficiales, debieron limitarse a realizar faenas agrícolas meramente recolectoras, como la tala de árboles o cosechar naranjas y en menor grado otras diversas faenas. Las mismas autoridades floridanas eran conscientes de ello: «La falta de conocimientos y artefactos y la pobreza en general, en todas las clases serán siempre estorbos insuperables al fomento de la agricultura de esta Provincia»[36]. En definitiva, a pesar de contar el territorio con una base natural de productos muy importante[37], tanto lo escaso de su población, como la menguada disponibilidad de capitales que invertir en labores agrícolas, hacía que la única fuerza capaz de hacer producir la tierra en Florida estuviese depositada en manos de los colonos norteamericanos, y ya hemos relatado cómo éstos se especializaron en una agricultura comercial, tipificada por el algodón. Por ello las únicas producciones del territorio eran este algodón «norteamericano» y aquellos otros productos recolectados por los floridanos. Ello lo atestigua tanto el estudio de los valores comerciados por Florida —aunque ya es axiomático entre los historiadores del comercio el valorar este índice como poco significativo— como

---

Diputación Provincial. San Agustín, 22 de julio de 1813. AGI, Santo Domingo, 1285.

[36] Coppinger a Cienfuegos. San Agustín, 1 de marzo de 1819. AGI, Cuba, 1876.

[37] Los informes de la época atestiguan que Florida era apta para el cultivo del arroz, maíz, algodón, centeno, tabaco. Era igualmente rica en cítricos y toda clase de maderas, ya que contaba con magníficos bosques. El añil de Florida fue muy exportado por los ingleses cuando controlaban el territorio. Por lo que se refiere a la pesca, su extendida costa era muy propicia para ello. Esta información la hemos recogido de una *Descripción del Comercio de Florida por Luis Fatio*. La Habana, 17 de noviembre de 1790. AGI, Cuba, 121, donde exhaustivamente se enumeran todos los productos tanto que se daban en el país como que podían cultivarse. Estos datos pueden ampliarse también con la *Descripción concerniente a la Florida Oriental que respetuosamente ofrece D. Felipe Fatio al Señor Gobernador y Comandante General de esta Provincia D. Vicente Manuel de Céspedes.* San Agustín, 16 de marzo de 1785. AGI, Cuba, 150.

los comentarios de los contemporáneos: «son la siembra del algodón y la corta de madera, el principal objeto de los habitantes de
esta provincia» [38].

Las consecuencias del dominio de los inmigrantes norteamericanos sobre la agricultura floridana fueron necesariamente perjudi-
ciales para el conjunto del país. Por este efecto al quedar monopo-
lizada la producción agrícola, en un solo artículo, el país quedó
privado de otros, fundamentalmente bienes de consumo primario,
alimenticios sobre todo, siendo obligado el recurrir a las importaciones de éstos. Por ende el valor de estos productos exportados no
llegaba en absoluto a equilibrar la balanza de pagos, con lo que la
Hacienda Real estaba en un constante déficit y siempre necesitaba
de los «situados» que les permitiesen la compra de esos artículos
de primera necesidad. En definitiva, llevó la situación del país a
un extremo que lo determinó en toda su estructura económica,
negándole su autarquía, hipotecándolo a las vitales importaciones,
supeditando su comercio a factores externos como era el situado
y en suma creando una de las causas más importantes que moti-
vará su dependencia económico-comercial de su país proveedor:
Estados Unidos, hecho que contribuirá en grado máximo a su posterior dependencia política.

---

[38] Gonzalo Zamorano a Enrique White. San Agustín, 8 de abril de 1801.
AGI, Cuba, 433.

CAPÍTULO III

EL COMERCIO EXTERIOR

El objetivo fundamental del capítulo consiste en analizar el comercio exterior del país para conseguir demostrar cómo éste se nos revela como otra causa del proceso de dependencia que a lo largo de su historia registra Florida en sus relaciones con los Estados Unidos.

Queremos que no se entienda este capítulo como un hecho aislado, sino que el lector deberá tener muy en cuenta factores ya estudiados como la influencia que la situación geográfica del país tuvo sobre el comercio y las bases demográfico-productivas que dieron también a éste un sentido especial, tanto que el proceso de los intercambios en Florida se nos presentara como una consecuencia de aquéllas. Al tiempo habrá de tenerse muy presente las circunstancias políticas, externas al país, y que influirán decisivamente en él. Es decir, que habrá de entenderse el capítulo interrelacionado con las demás facetas que hasta ahora hemos analizado y que recubren la historia del territorio.

Pensamos que el análisis del comercio de un país sólo alcanzará su auténtica dimensión cuando vaya directamente enlazado con los fenómenos de producción, demográficos, jurídicos y políticos, es decir, como algo más que una mera cuantificación de importaciones-exportaciones. «Plantear un análisis del comercio por las mercancías ignorando los fenómenos de producción y condicionamientos sociales que le acompañan es, voluntariamente, eliminar los problemas manteniendo la acomodaticia labor del historiador erudito» [1].

Antes de entrar a explicar el plan de trabajo que hemos elaborado para la confección del capítulo tenemos que aclarar que el problema lo hemos estudiado a partir de 1793, ya que hasta ese año en que se concede libertad comercial a la provincia, únicamente existirá un levísimo tráfico que aunque marcará desde entonces la línea a seguir por el comercio floridano, en lo que serán los prolegómenos de la dependencia, resulta del todo inútil tratar con mayor profundidad.

En cuanto al plan que hemos elaborado, diremos que en realidad los dos primeros apartados debían ser los capítulos I y II; sin sus conclusiones resultaría estéril —tal como hemos expuesto— plantearnos este presente. Ya que no vamos a volver a exponer aquí las conclusiones que de ellos extrajimos, ténganse éstas, al menos, presentes.

Hemos comenzado tratando el problema de las fuentes, las cuales son lo suficientemente precisas para llevarnos al objetivo fijado. A continuación nos detendremos en el examen de comercio antes de 1793.

Ya entrando de lleno en el problema, nos ocuparemos en un primer apartado general, de los aspectos jurídicos que hicieron posible que el comercio del territorio adquiriera una determinada modalidad: el Reglamento de 1793, que va a resultar de una importancia extraordinaria para liberalizar el comercio de Florida y que en definitiva permitirá que los buques norteamericanos comercien en el plano de la más estricta legalidad con los puertos de la provincia española; la puesta en funcionamiento, en la Isla Amalia, de una Aduana, que abrirá otro puerto —además del de San Agustín— en el país y por último la creación del impuesto de trasbordo que como veremos, hará al territorio floridano sede del comercio norteamericano con el resto del mundo cuando las circunstancias le obligaron a ello.

En un segundo apartado, analizaremos las circunstancias políticas externas a Florida que afectaron de una manera más decidida

---

[1] Bernal, Antonio Miguel, y García-Baquero, Antonio: *Tres siglos del comercio sevillano (1598-1868). Cuestiones y problemas.* Sevilla, 1976, pág. 21.

a los Estados Unidos y que esta nación por el mecanismo de dependencia sostenido transmitirá a la colonia española.

La tercera parte irá dirigida a estudiar el movimiento general del comercio. En él trataremos de demostrar la dependencia comercial Florida-Estados Unidos en sus dos facetas: que en sentido general, podríamos llamar para diferenciarlas, en dependencia derivada de las importaciones-exportaciones y dependencia derivada de los trasbordos. Para ello se imponía estudiar el problema bajo dos aspectos, es decir, tratando la cuestión en cada uno de los dos puertos separadamente. Esta división era necesaria, puesto que cada uno de ellos va a responder a las dos formas de dependencia señaladas: San Agustín, por donde entraran las mercancías para consumo del territorio y se exportaran los escasos artículos que Florida producía e Isla Amalia, sede del comercio de trasbordo.

Sin embargo, el tratamiento del tema lo efectuaremos de la misma manera para ambos, con arreglo a dos epígrafes: el transporte de los productos, donde examinaremos la tipología naval y la relación buques-países, y el análisis del tráfico propiamente dicho, donde nos ocuparemos de los conceptos importaciones, exportaciones, trasbordo, en sus diferentes acepciones, observados de manera global y coyuntural, puesto que el efecto de la coyuntura sobre la estructura del comercio exterior de Florida tendrá mucho que ver en el proceso de dependencia que estudiamos.

Por último, un estudio de la financiación y del planteamiento de la cuestión (ya que de ello solamente se trata) de los hombres del comercio. La ausencia —prácticamente absoluta— de fuentes para el estudio del referido problema, hace que —repetimos— solamente podamos plantear la cuestión.

A) LAS FUENTES

CUANTITATIVAS.—Los Libros Manuales de Caja serán la base documental principal sobre la que apoyaremos nuestro trabajo. Para suplir esta fuente, los años en que no podíamos disponer de ella, acudimos a otra de tipo accesorio, como son los Cargos o Cartas de pagos, recogidas en los Libros Generales de Caja. Sin embargo, a ésta nos acercamos en contadas ocasiones, ya que los citados Libros Manuales abarcan casi todo el período a estudiar.

El origen de los Libros Manuales de Caja debemos buscarlo a partir de 1793, cuando Florida recibe su Reglamento de comercio. Al tiempo de empezar a funcionar la nueva regulación comercial, se exigía a los Tesoreros de las Aduanas que abrieran estos libros, donde, aparte de otros datos, se recogieran diariamente los derechos que entrasen en las Cajas Reales de la provincia española en concepto de comercio. Esta documentación es, pues, de índole únicamente comercial.

Por lo que se refiere a las Cartas de pago —que ya hemos dicho han sido utilizadas para algunos años—, como su nombre indica, consisten en los pagos de derechos que realizaban los capitanes de los buques que comerciaban en Florida. La información ofrecida es bastante menor que la aportada por los Libros Manuales.

En este período (1793 a 1820) podemos utilizar Libros Manuales de Caja, por lo que se refiere a la Aduana de Isla Amalia, para los años 1803 a 1812 (sólo hasta marzo, ya que entonces la Isla fue invadida por los Estados Unidos), 1813 (únicamente de mayo a diciembre, pues en ese mes fue devuelta la Isla a las autoridades españolas) y 1814 a 1817 [2].

Para San Agustín contamos con Libros Manuales en los años 1793 a 1808 y 1815 a 1820 [3].

La serie de 1809 a 1814 ha sido estudiada a base de las Cartas de pago [4]. Los dos tipos de fuentes manejados nos aportan una serie de datos imposibles de recoger en otro tipo de documentación [5], al tiempo que permiten establecer un estudio seriado del fenómeno comercial, que ya hemos advertido se hacía necesario en el caso analizado.

Sin embargo, la peculiaridad de los datos recogidos en la documentación que tratamos, no nos permitirá establecer un análisis completo del comportamiento mercantil de la provincia española.

---

    [2] A. G. I. Cuba, 403, 409 y 396. Por el orden de años citados.
    [3] A. G. I. Cuba, 388, 292, 295, 296, 298, 299, 2324, 303, 304, 485, 308, 310, 311, 312, 313, 323, 327, 332, 333, 334, 335. Por el orden de años citados.
    [4] A. G. I. Cuba, 316, 317, 318, 321, 323, 325. Por el orden anual establecido.
    [5] Al menos nosotros no lo hemos conseguido localizar, a pesar de haber analizado prácticamente toda la documentación comercial existente en el Archivo General de Indias, para Florida.

En efecto, al hablar de las mercancías transportadas, en ocasiones, éstas, no se cuantifican, no se cita la cantidad de ellas que llevase el buque; y decimos en ocasiones porque, en otras, desde 1793 a 1820, aparecen regularmente cuantificadas, al menos en un cierto número de artículos. Sin embargo, hay un hecho negativo. En el capítulo de importaciones, concretamente en las que llegaban al puerto de San Agustín, éstas no sólo no se cuantificaban, sino que ni siquiera se dice qué tipo era la materia mercantilizada. Así nos encontramos con el hecho de que todos los artículos llegados al referido puerto aparecen reflejados en estos Libros Manuales de Caja como «géneros y efectos», con lo que realmente el capítulo de importaciones, en ese puerto, deberemos dejarlo en blanco.

Por todo ello sólo podremos cuantificar, de entre los productos importados, exportados o trasbordados, un cierto número de ellos sin citar otros. Sin embargo, a la vista del total de la documentación estamos en condiciones de afirmar que los cuantificados eran los más comerciados.

Otra cuestión que se nos plantea a la vista de la documentación analizada es que no tenemos datos del valor de los productos comerciados, sino que ello debemos sacarlo de una manera indirecta; esto es, a través del impuesto por importación, exportación o trasbordo que pagaba el buque en relación a la carga total que transportaba. Así, si el gravamen a las exportaciones era del 6 % de la cantidad pagada por este concepto deberemos sacar el valor total de las mercancías.

Esto ofrece dos puntos negativos. El primero sería que no sabemos el valor de cada uno de los artículos, sino del total que llevaba el buque, por lo cual no podemos evaluar las importaciones, exportaciones o trasbordos de determinadas materias y compararlas, bien con otras, bien con el total de las comerciadas, sino que sólo daremos cifras del total general de mercancías.

En cuanto al segundo punto, es que el «avalúo» de las mercancías, o sea la valoración de éstas por los oficiales reales de la Aduana, concretamente por el Vista Tasador, se hacía dándole un valor irregular y que algunas veces no respondía a la realidad. De esto mismo se quejaban hasta los propios Administradores de las Aduanas. Así, en 1813, decía uno de ellos, Manuel López: «El evalúo para exacción de derechos por arancel tiene por objeto evitar la arbitrariedad, pero también tiene sus inconvenientes y perjuicios por efecto de la variación inevitable de la alteración de precios, sucediendo ateniéndose a él, exigir derechos por doble del precio primitivo a varios artículos y a otros a la inversa o un tercio menos, en lo cual aparece notable perjuicio ya para interesados y ya para la Hacienda pública cuando el evalúo por factura especialmente si nos ponemos a la par de otras potencias en que salen frecuentemente en los papeles públicos los precios de las mercaderías, podría sirviendo de norma y fundamento dichas noticias evaluarse con más propiedad porque no desvanece el perjuicio el suponer que si en un artículo se padece en otro se resarce, pues, habrá individuo que consista su propiedad en artículo recargado y otro en mejorado» [6].

A pesar de todo lo expuesto, es indudable que con las fuentes citadas podemos perfectamente aventurarnos a realizar el estudio del movimiento mercantil en Florida entre 1793 y 1820, ya que los datos que aquéllas nos proporcionan lo hacen posible. Estos son, nombre del consignatario, clase de navío, puerto de destino o procedencia, relación de mercancías comerciadas, cantidad de algunas de ellas y valor del impuesto por el tráfico comercial cobrado en la aduana a cada barco, del que podemos sacar el valor total de los productos canalizados por él.

Aun teniendo en cuenta la serie de objeciones que hemos analizado, la documentación utilizada, por la serie de datos que aporta, es una fuente de primer orden (no olvidemos que la estadística en estos años estaba en sus primeros albores) dentro del contexto general de las posibles a manejar para un estudio del comercio en la América española; aparte de ofrecer el interés de haber sido la primera vez que ellas se utilizan para realizar el análisis del comercio de Florida de 1793 a 1820.

CUALITATIVAS.—Aunque para el presente estudio las fuentes cuantitativas se hacen imprescindibles, no por ello debemos desdeñar otras de tipo cualitativas que nos pueden acercar más al fenó-

---

[6] *Estado del valor anual de las rentas públicas en el Puerto de San Agustín de la Florida Oriental en el quinquenio de 1808 a 1812.* San Agustín, 25 de abril de 1813. A. G. I. Cuba, 404.

meno a estudiar. Si aquéllas nos ayudan a la reconstrucción de todo un proceso, las fuentes cualitativas nos sirven para fijar conceptos y aclarar situaciones.

Podremos dividir éstas en Correspondencia e Informes. Las primeras son fundamentalmente una serie de cartas intercambiadas entre los gobernadores de Florida y distintas autoridades españolas, tanto en América como de la Metrópoli, sobre todo con el Capitán General de Cuba.

En ellas se nos habla de la marcha del comercio, de los factores que lo determinan, y de aspectos imposibles de discernir de la cuantificación.

Las segundas una serie de cartas-informes enviadas por los oficiales reales de la Administración española a los gobernadores del territorio. Por último, haremos uso de las ordenanzas mercantiles dadas por las autoridades españolas para la regulación del comercio a lo largo de la historia del país.

B) LA SITUACIÓN COMERCIAL EN FLORIDA ANTES DE 1793. LOS PROLEGÓMENOS DE UNA DEPENDENCIA

Cuando España tomó posesión de Florida en 1783, su comercio fue regulado por la *Real Cédula e Instrucción que debe servir de regla para la población y comercio de la Plaza de San Agustín y provincia de la Florida Oriental*[7]. Por esta disposición se obligaba a comerciar a los habitantes del país únicamente con puertos bajo dominio español, siendo Cuba la zona principal en los intercambios de la península floridana, aunque, como veremos, Estados Unidos comenzaría a jugar de manera muy importante en el mundo mercantil de Florida.

El tráfico San Agustín-La Habana tenía una especial peculiaridad. Las embarcaciones cubanas que surtían a Florida, después de tocar en el referido puerto pedían «licencia» para pasar a alguno estadounidense con objeto de cargar allí artículos, sobre todo víveres. Regresaban a San Agustín y desde allí partían hacia su propio destino, esto es hacia La Habana, con el resto de la carga

---

[7] A. G. I. Santo Domingo, 2587.

conseguida en los Estados Unidos, donde previamente habían dejado mercancías cubanas. Todo este proceso mercantil no podrían haberlo realizado los comerciantes isleños de otro modo, ya que por estas fechas el comercio directo entre Cuba y Norteamérica estaba totalmente prohibido por la legislación española [8]. En definitiva, los cubanos lograban un doble propósito, introducir sus productos en Florida y, lo que les era más importante, el poder intercambiar ellos en plazas norteamericanas. Podemos decir que esto último era lo que realmente haría importante para Cuba el comercio con el territorio en cuestión.

Para «medir» el comercio San Agustín-La Habana, sólo podemos acudir al movimiento naval que se registra entre ambos puertos, y en función de éste, podemos decir que fue muy exiguo. En 1791 llegaron a San Agustín desde La Habana cuatro navíos con mercancías; en 1792 ese número bajó a dos. Por otro lado, en 1791 no llegó a Cuba ninguna embarcación procedente de Florida; en 1792 se registraron siete entradas de buques originarios de San Agustín, entre los que habría que incluir los propios cubanos que hacían ese comercio triangular Cuba-Estados Unidos-Florida y que regresaban a sus bases isleñas [9]. Como puede verse, tanto por lo escaso de los años en que se registró comercio entre ambas capitales, como por el corto tráfico de embarcaciones, parece indudable que Florida además de Cuba, necesitaría de otra fuente de aprovisionamiento, que por las consideraciones que expondremos más adelante debía ser Norteamérica.

Los principales productos importados por el país —debido a la nula productividad del territorio— eran los de «primera necesidad», sobre todo víveres y ropa, fundamentales para aprovisionar a la población civil y militar.

Sobre el origen de las importaciones conocemos que las harinas, carnes y ropas venían de La Habana. Sin embargo, los habitantes de la provincia española preferían estos productos de origen norteamericano, así se pedía que «viniesen harinas y carnes de

---

[8]   Para este problema puede consultarse: Rodríguez Vicente, M.ª Encarnación: *El comercio cubano y la guerra de emancipación norteamericana*, en «Anuario de Estudios Americanos», Vol. XI, Sevilla, 1954.

[9]   Juan Antonio de Orosio a Jorge Francisco de Estrada. Cádiz, 10 de septiembre de 1792. A. G. I. Santo Domingo, 2668.

los Estados Unidos que aguantan más que las de La Habana y Veracruz, además de ser la travesía menos peligrosa y sobre todo que llegan antes» [10]. Respecto a las ropas igualmente se requería que no viniesen de Cuba: «tanto a causa de que el ropaje que pide este clima sea para blancos o negros, debe ser por unos seis meses del año de una calidad abrigada y basta que no es usual en aquella plaza, como porque añadido el primer costo en La Habana a los gastos de flete y ganancia que el vendedor querrá tener aquí, al precio de todos los efectos no propios de la Isla de Cuba y conducidos de ellas a éstas excederá absolutamente los cortísimos posibles de este vecindario» [11]. En definitiva, parece que el consumidor floridano demandaba más los productos de origen estadounidense, tanto por su calidad como por su baratura, que los de Cuba. Por lo que se refiere a las exportaciones, podemos decir que desde 1785 a 1793, no se puede hablar de ellas en el territorio, tanto porque el país no era capaz de producir un excedente destinado a ellas, como porque algunos artículos requeridos en mercados extranjeros —caso de las naranjas en Estados Unidos— no tenían salida por las leyes comerciales que impedían el tráfico con puertos extranjeros [12].

Al lado de este comercio «oficial» coexistió otro informal, en el que los Estados Unidos jugaron un papel fundamental, favorecido por una doble motivación jurídica y económica.

El artículo 29 de la Real Cédula e Instrucción citada decía: «Si por algún accidente faltaren en la provincia harinas, permitirá el Gobierno a los moradores de ella que pasen a las Islas extranjeras con sus naves, u otras de vasallos míos a comprar las que necesitasen llevando a este efecto los frutos equivalentes» [13]. Además la Real Orden de 4 de mayo de 1787 autorizaba a los comerciantes de Florida, bajo una licencia especial del gobernador para que condujeran al país de territorios extranjeros, lo que faltase en

---

[10] Céspedes a Gálvez. San Agustín, 15 de abril de 1787. A. G. I. Santo Domingo, 2668.

[11] *Ibídem.*

[12] Juan Antonio de Orosio a Jorge Francisco de Estrada. Cádiz, 10 de septiembre de 1792. A. G. I. Santo Domingo, 2668.

[13] *Real Cédula e Instrucción que debe servir de regla para la población y comercio de la Plaza de San Agustín y Provincia de la Florida Oriental.* Artículo 2.º A. G. I. Santo Domingo, 2587.

éste. Esto mismo fue incluso alentado por el Gobernador de Florida, Juan N. de Quesada [14]. Una consecuencia de esas normas fue que al representante español ante el gobierno norteamericano Diego de Gardoqui, se le encarga un cargamento de víveres, que debía comprar en ese país, para surtir a San Agustín, consistente en harina, carne de vaca y tocino, valorado en 4.397 pesos [15].

En definitiva, la legislación fue aprovechada por los comerciantes norteamericanos para hacer llegar sus productos al país. Una vez que encontraron ese resquicio legal les fue relativamente fácil el irse introduciendo. Primero por una mera razón geográfica, fácil de entender teniendo en cuenta la proximidad entre ambas zonas, y después por otra puramente comercial, ya hemos comprobado como, tanto por su mejor precio como por su calidad, los artículos norteamericanos eran preferidos a los de Cuba u otras zonas españolas; esto último lo tomarían muy en cuenta en sus compras tanto los particulares como la propia Real Hacienda floridana.

Junto a este comercio legal estadounidense, debió existir un considerable contrabando, ya que la proximidad geográfica haría que desde el territorio norteamericano se introdujesen mercancías fraudulentamente. Las fuentes de la época lo confirman: «Considero cosa muy dificultosa el poder impedir a los americanos que introduzcan sus mercancías en esta provincia, porque además de esta navegación interior que ellos tienen tan conocida, tienen también otros riachuelos navegables para lanchas y botes y estoy persuadido que dos mil hombres repartidos en la provincia no bastarían para impedir sus contrabandos» [16].

Como conclusión podemos decir que el comercio de Florida en esta época se caracteriza por lo exiguo del tráfico, «el comercio ni aun en sombra se ve, ni con los extraños, ni con los propios» [17] y por la ya incipiente penetración norteamericana que, aunque limi-

---

[14] Bando de Buen Gobierno dado por el Gobernador Juan Nepomuceno de Quesada. San Agustín, 4 de mayo de 1791. A. G. I. Cuba, 419.

[15] Diego de Gardoqui a Céspedes. Nueva York, 23 de marzo de 1786. A. G. I. Cuba, 150.

[16] Nicolás Grenier a Céspedes. San Agustín, 10 de noviembre de 1784. A. G. I. Cuba, 150.

[17] Memorial de varios agricultores de San Agustín a Gonzalo Zamorano. San Agustín, 31 de enero de 1793. A. G. I. Cuba, 419.

tada por el escaso desarrollo de la actividad mercantil en Florida, ya comienza a perfilar una futura dependencia.

C) LA ORGANIZACIÓN JURÍDICA DEL TRÁFICO

1) *La regulación comercial de 1793*

Todo el dispositivo comercial que funcionó hasta esa fecha se desmoronó cuando la Real Orden de 1793 dio una nueva reglamentación mercantil a la colonia. Ello tuvo una influencia extraordinaria sobre su proceso histórico, marcando nuevos sistemas, creando nuevas situaciones, y lo que es más importante abriendo el comercio a los Estados Unidos que fácilmente conseguirán monopolizarlo, todo lo cual acarreará unas consecuencias trascendentales para los destinos del país.

Años antes de la promulgación de la nueva ordenanza, en Florida se pedía insistentemente libertad comercial con todos los países. En 1792 un grupo de hacendados pedía éste, basando su petición en que Florida se podía considerar como una isla, que no tenía dominios españoles al lado [18]. Lo mismo solicitaban los agricultores dedicados a la recolección de naranjas: «Fundados en que es notoria tanto la abundancia de naranjas que dejan explicado hay en esta provincia como en la certeza de que los Estados Unidos, ni aun en el inmediato de Georgia no producen en manera alguna esta fruta, a que se agrega lo constante que es, que la exportación de ella a dichos Estados redituaba en tiempos de los británicos considerables ganancias, de que con gran desconsuelo suyo se ven privados en el día los promoventes» [19].

Al lado de ello, en España empezaban a soplar nuevos aires en lo que se refería a política comercial. Al menos se intentaban reformar viejas posturas e introducir nuevos esquemas mercantiles. En ello se veía la posibilidad de darle el desarrollo necesario al estancado comercio americano. En un momento en que Europa

---

[18] Memorial de varios hacendados. San Agustín, 15 de noviembre de 1792. A. G. I. Santo Domingo, 2668.

[19] Memorial de varios agricultores de San Agustín a Gonzalo Zamorano. San Agustín, 31 de enero de 1793. A. G. I. Cuba, 419.

había dejado el proteccionismo, se olvidaba el postulado mercantilista, y primero los fisiócratas y después A. Smith ponían en boga las palabras oferta y demanda[20], en España se disputaba entre mercantilismo o librecambio. Todo tipo de soluciones fueron dadas[21]. Desde las más puras mercantilistas proclamadas por Ustáriz hasta las cercanas al librecambio preconizadas por Jovellanos. Sin embargo, ninguno de estos economistas propuso la libertad de comercio, para la América española, de una manera total y sin ningún tipo de restricciones. Por todo esto el comercio exterior español no adoptó las nuevas fórmulas comerciales que se desarrollaban en Europa y lo único que se hizo fue una nueva ordenación de este tráfico mercantil. A ello responde el decreto de libertad de comercio de 1778, que fue un «sistema mixto, mezcla de nuevo y viejo, variante mercantilista, adaptado a la realidad española»[22].

No significaba, pues, un romper con el pasado, sino más bien la adecuación de viejas formas a un sentir nuevo. A este respecto dice Vicens: «En la segunda mitad del siglo XVIII, libertad económica no significa todavía arrumbamiento completo del Estado e imperio de la ley de la oferta y la demanda en un mercado libre; pero sí expresa desmonopolización, desprivilegización. Pacto colonial y tendencia definitiva al liberalismo imperial, he aquí la tónica del comercio español después del período inicial de supervivencia mercantilista»[23].

Todos estos aires renovadores influyeron decisivamente sobre Florida. Ello motivó que en 1793 se le concediese la nueva reglamentación referida.

Podemos establecer una sistemática en las causas que provocaron el establecimiento de este código. Primero las insistentes peticiones de los propios floridanos. En segundo lugar, la corriente de reformas comerciales de la Corona. Una tercera causa serían las especiales características que comenzaban a perfilar la demografía

---

[20]   Para todo lo referente a las ideas económicas de la época se impone como consulta Schumpeter, J. A.: *Historia del Análisis Económico*. Barcelona, 1971, págs. 386 a 426.

[21]   Bitar Letayf, M.: *Economistas españoles del siglo XVIII*. Madrid, 1968.

[22]   Nunes Días, Manuel: *O comercio livre entre Havana e os portos de Espanha*. Sao Paulo, 1965. Tomo I, pág. 124.

[23]   Vicens Vives, J.: *Historia económica de España*. Barcelona, 1967, páginas 502-503.

y economía del territorio, en las que intervinieron los inmigrantes norteamericanos; éstos en primer lugar hicieron crecer el volumen poblacional, por lo que las necesidades de consumo del conjunto de la sociedad aumentarían ostensiblemente, lo que se traduciría en una mayor necesidad de importaciones de productos, ya que la agricultura del país seguía siendo incapaz de surtir la demanda interior. Por otro lado, estos mismos inmigrantes, que como hemos visto se dedicaban al cultivo algodonero consiguieron poner en marcha un proceso de exportaciones hasta entonces muy reducido. Evidentemente todas estas circunstancias socio-económicas tendrían una decidida importancia a la hora de hacer pensar a las autoridades españolas que era necesario un nuevo código comercial.

Una última razón estaría en el convencimiento del gobierno de Madrid de que Florida no sería capaz de subsistir por sí sola, sino que necesitaba ser surtida prácticamente de todo y como con este país no era realizable el «pacto colonial», puesto que nada podía ofrecer económicamente, en compensación de los productos metropolitanos, no le era, en absoluto rentable el comerciar con su colonia. Pensó torpemente que otros lo hiciesen. Toda esta política mercantil era además una consecuencia del sentido más estratégico que económico que para la Corona tenía el territorio de Florida.

Entrando de lleno en el estudio del documento mercantil, diremos que se trata de una Real Orden dada en Aranjuez el 9 de junio de 1793 y que en sus 21 puntos se condensa todo lo concerniente al modo en que debía efectuarse el comercio del país[24]. El artículo 1.º decía: «Será permitido a los habitantes de las referidas provincias comerciar libremente en Europa y América con todas las naciones amigas que tengan tratados de comercio con esta Corona y podrán hacer sus expediciones desde Nueva Orleáns, Pensacola y San Agustín a cualquiera de los puertos de las dichas naciones y admitir las que desde ellos se les dirijan, pero con la sujeción de que a su retorno o ida a Nueva Orleáns, Pensacola y San Agustín han de hacer escala en el puerto de Corcubión de

---

[24] *Real Orden de 9 de junio de 1793 sobre comercio de Luisiana y Florida.* A. G. I. Cuba, 184.

Galicia o en el de Alicante, y tomar el pase que deberá dar el Juez de Arribadas de éste, o el subdelegado de Marina de aquél, en calidad de tal Juez de Arribadas, sin cuyo preciso documento no se admitirán las embarcaciones en aquellos puertos» [25].

Es decir, prácticamente se posibilitaba al país para poder comerciar con todos los países que no estuviesen en guerra con España en esos momentos, lo que equivalía a todo el mundo, menos Francia. En cuanto a las escalas obligadas en los puertos españoles citados en el texto fue algo que nunca se llevó a la práctica.

Respecto al sistema de impuestos lo regulaba el artículo 2.º: «Los géneros, frutos y efectos con que se haga este comercio directo entre esos colonos y las naciones extranjeras, pagarán 15 % de importación y 6 % de exportación, pero la introducción de negros será libre de derechos como hasta aquí y sólo pagarán el 6 % los frutos o plata que se extraigan para comprarlos con cuyo único objeto se permitirá la extracción de plata» [26]. Esto sufrió ligeras modificaciones. Así en 1807 se colocó un impuesto de 4 % de entrada y 2 % de salida, conocido como «Almirantazgo», en virtud de un Decreto dado el 27 de febrero de ese mismo año [27]. El año 1809 se impuso otro gravamen conocido como «subvención a la guerra», que consistía en el 1,5 % sobre todas las mercancías entradas o salidas de los puertos floridanos. Mientras el primero fue suprimido en 1808, el segundo continuó hasta 1817, en que se suprimió.

Sin embargo, el cambio más importante dado para este sistema aduanero, fue en 1818 y 1819. En julio de 1818 púsose un nuevo sistema prescrito en Real Cédula de 21 de octubre de 1817 por el que se exigía sólo el 6 % sobre los géneros y efectos entrados a comercio y nada a los víveres; las exportaciones igualmente quedaban libres de impuestos. En 1819 ese 6 % quedó convertido en un 3 %. O sea, que los derechos de exportación desaparecieron, mientras los de importación fueron muy reducidos [28].

---

[25] Ibíd.
[26] Ibíd.
[27] Gonzalo Zamorano a Fernando de la Puente. San Agustín, 7 de diciembre de 1807. A. G. I. Cuba, 440.
[28] Coppinger al Superintendente de la Hacienda de Cuba. San Agustín, 1 de marzo de 1819. A. G. I. Cuba, 1876.

Un punto que causó pésimo efecto entre las autoridades de Florida fue el artículo 19, de este Reglamento de Comercio, que decía: para precaver los inconvenientes que se podrán seguir si se abusa de las gracias que van dispensadas, quiere S. M. que no se haga desde Nueva Orleáns, Pensacola y San Agustín expedición alguna a las Islas y demás dominios españoles de América a no ser con causa muy grave, urgente y justificada, en cuyo solo caso dará el Gobernador respectivo la licencia, pero sin permitir el embarque de otros efectos que de los frutos y producciones de dicha Provincia» [29].

A este artículo se comentaba en una Junta de Real Hacienda en Florida que había dos poderosas razones para que se siguiese manteniendo el contacto San Agustín-La Habana. Una de ellas era que toda la subsistencia y pertrechos para la guarnición militar venía de La Habana; igualmente el «situado» remitido de México, llegaba a través de Cuba. Otra de las razones esgrimidas se basaba en que como no existían barcos correos para la provincia española eran las embarcaciones que comerciaban entre los dos puertos las que se encargaban de traer al país, a través de la Isla, la correspondencia enviada desde la Metrópoli. Y se tomó la resolución siguiente aduciendo las razones expuestas: «En esta atención y la de que son varios los renglones que de dicho puerto vienen a éste y deben preferirse por nacionales, como son azúcar, miel, aguardiente, café, etc., y que en su cambio suelen ir maderas, alquitranes, etc., acordó la Junta que la citada prohibición se entendiese por ahora, sólo para las embarcaciones que de los puertos habilitados de España vengan a éste y soliciten pasar de él a los demás españoles de América, pero no con los de los naturales y vecinos de la Provincia cuya privación de trato con los puertos españoles de América, les sería de mucho perjuicio, no siendo esta la mente de S. M., pero que se cele con el mayor rigor por los ministros de Real Hacienda, el que no se abuse, por ningún motivo de tales licencias embarcando para dichos puertos otros efectos que los

---

[29] *Real Orden de 9 de junio de 1793 sobre comercio de Luisiana y Florida.* A. G. I. Cuba, 184.

que verdaderamente sean producciones del país, todo hasta la determinación de S. M.»[30].

Como resumen podemos decir que el comercio de Florida conoció un desarrollo sin precedentes a partir de este Reglamento; igualmente, debido a él, las pocas producciones de esta provincia conocieron su comercialización.

Sin embargo, más que la propia Florida, quien decididamente ganó con esta ordenanza comercial fue la nación norteamericana. Al permitirse que se abrieran los puertos floridanos a todas las naciones, en realidad lo que se hizo fue entregar el país a los comerciantes estadounidenses; ya hemos visto cómo el territorio necesitaba prácticamente de todo para su supervivencia, y ello sólo se lo podía proporcionar Estados Unidos, tanto por la cantidad como por la calidad de sus mercancías, además de que ninguna provincia española tenía unos excedentes de producción en artículos requeridos por Florida. Por todo esto no es de extrañar que los norteamericanos monopolizaran el proceso mercantil en Florida.

2) *La creación de la Aduana de la Isla Amalia*

Desde 1785 a 1803, Florida nada más tenía un puerto por el que comerciar sus productos, radicado en la misma ciudad de San Agustín. Sin embargo, desde esta misma ordenación del comercio en 1793, ya se pensó por las autoridades floridanas en habilitar otro puerto y que sería dependiente de la Aduana primitiva, radicada en San Agustín.

El lugar elegido para colocar esta segunda Aduana fue la Isla Amalia sobre los ríos Santa María y San Juan, que hacían frontera con los Estados Unidos.

Varias razones impulsaron a ello. La nueva Reglamentación comercial hacía suponer que el comercio de la provincia se intensificaría, sobre todo con los Estados Unidos de América. Entonces una sola Aduana sería insuficiente, y si a ello unimos el hecho de que delante del puerto de San Agustín se extendiera una barra que hacía imposible la entrada en él de buques de gran

---

[30] Juan N. de Quesada a D. Luis de las Casas. San Agustín, 20 de noviembre de 1793. A. G. I. Cuba, 1437.

calado, era necesario el contar con otro auxiliar. Este de la Isla Amalia reunía extraordinarias condiciones. Se encontraba rayano con el país norteamericano, zona que de antemano se sabía iba a ser con la que más se comerciase. Además su puerto era magnífico, como ya explicamos, y podía ser utilizado por navíos de todo tipo y tonelaje. Por último, la zona norte del país estaba, por esos años, conociendo un cierto desarrollo debido sobre todo a la explotación de la madera y cultivo del algodón; productos, por otra parte, que eran los principales a la hora de exportar. Se pensó, con fundamento, en buscar una salida natural a estas materias y el lugar más idóneo fue el de la Isla Amalia.

Todas estas razones llevaron a que, a partir de 1793, se pidiese a la Corona la puesta en activo de una Aduana sobre estos ríos, «teniendo S. M. a bien habilitar este puerto, a lo menos para tiempo de paz, sería de una grandísima utilidad a la Provincia, pues amén de que podrían venir a él las embarcaciones de Europa, los vecinos de este Río y el San Juan, situado más al Sur, seis leguas, en comunicación interior de cayos, lograrían el beneficio de embarcar, por este medio sus maderas, arroces, alquitranes, algodones y añiles, proveyéndose de sus necesarios por los mismos conductos» [31].

Sin embargo, hasta el año de 1803 esto no sería un hecho. Por una Real Orden de 19 de octubre de 1802 se permitió que se pusiese en activo la Aduana de la Isla Amalia, para regular el comercio realizado a través de los ríos San Juan y Santa María. Al frente de ella se colocó un Administrador recaudador, dependiente de la Aduana de San Agustín.

Los derechos que debían pagar las mercancías eran los mandados por el Reglamento de 1793, es decir un 15 por 100 las importaciones y un 6 por 100 las exportaciones.

Para hacer los «avalúos» de las cantidades que debían pagarse de impuesto sobre las mercancías se debía pasar razón de lo que se importase o exportase a San Agustín donde estos «avalúos» eran hechos, ya que no se colocó un Vista Tasador en la Isla Amalia.

---

[31] *Ibíd.*

Para regular el modo como debía funcionar esta nueva Aduana se dio una Instrucción, de la que sacamos los artículos sexto y séptimo. Por aquél se establecía que un Teniente Ministro de Real Hacienda se colocaría en las Riberas del San Juan, concretamente en el puesto de San Vicente Ferrer, que funcionaría como dependiente de la Isla Amalia. Esto hecho con la intención de facilitar a los habitantes de ese lugar el exportar-importar sus productos sin tener que ir hasta la Isla Amalia, algo distante de sus haciendas [32].

Por el séptimo punto de esta Instrucción se advertía que todo el comercio de la zona debía efectuarse por esta Aduana, recién creada, y a los que no se ajustasen a ello les serían confiscadas las mercancías. Ello, evidentemente, se exigía porque la población de esta parte del país floridano estaba acostumbrada a traer sus productos de Estados Unidos sin requisito legal alguno, aprovechándose de la proximidad de sus tierras [33].

Para buscar un mejor aprovechamiento del nuevo puerto las autoridades de Florida decidieron independizar éste de San Agustín y darle vida propia. Así el Gobernador Kindelan ordena que se habilite la Aduana de la Isla Amalia [34].

A este efecto se dictó una Instrucción en la que se señalaban los puntos por los que debía regir la ya Aduana independiente de la Isla Amalia. En ellos, fundamentalmente, se disponía la colocación del control aduanero en el lugar llamado Fernandina, sobre la Isla Amalia, al tiempo que pasaba a ser Aduana de pleno derecho, totalmente independiente de la de San Agustín, con sus funcionarios propios que sólo se encargaban del dicho control tam-

---

[32] «Instrucción que forma la Contaduría principal de Ejército y Real Hacienda de la plaza de San Agustín de la Florida y su provincia en virtud de oficio del Señor Gobernador Político y Militar de esta misma Plaza y su Provincia con fecha de veinte, del que debe observar D. Fernando de la Puente, Teniente de Granaderos del tercer batallón de Cuba para desempeñar los cargos de Administrador recaudador y vigilar el contrabando en las riberas de San Juan y Santa María. San Agustín, 21 de mayo de 1803. Gonzalo Zamorano (fdo.). A. G. I. Cuba, 440.

[33] *Ibídem.*

[34] Kindelan a Manuel López, San Agustín, 15 de septiembre de 1813. A. G. I. Cuba, 440.

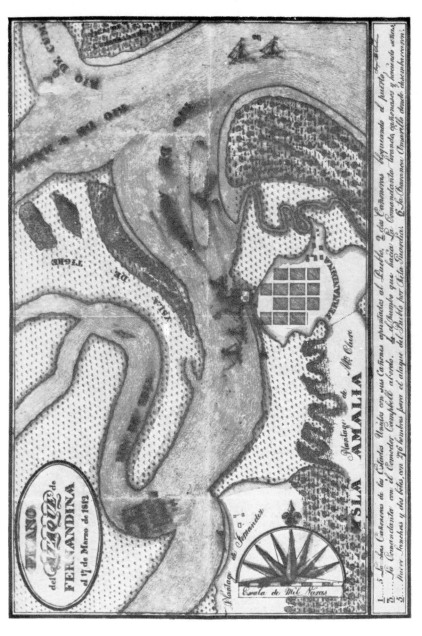

Plano de Fernandina en el momento de un ataque por la marina norteamericana en 1812.
A. G. I. Mapas y planos. Luisiana y Florida, 241

bién independientes de los que cumplían sus funciones en San Agustín [35].

El que la Aduana de la Isla Amalia tuviese una entidad propia, hizo que Florida contase con dos puestos aduaneros, cada uno con sus propios empleados, y repetimos, independientes.

Para la nueva disposición del control aduanero fueron creados distintos cargos. Por su importancia eran, un Administrador Tesorero con un sueldo de 50 pesos mensuales, un Fiel Interventor Vista Tasador con 40 pesos de salarios al mes. Este último era el encargado de realizar los «avalúos» que anteriormente debían ser hechos en San Agustín, «le corresponde hacer lo que hasta ahora era peculiar de esta Contaduría, a saber, tomar razón exacta de las entradas y salidas de todos los buques y sus cargamentos para la exacción de derechos, llevar noticia de lo que se recauda e intervenir todos los documentos con responsabilidad y además avaluar con arreglo a la tarifa establecida» [36]. Otro cargo que se estableció fue el de guarda de renta, dos funcionarios se encargaban de ello, con un sueldo cada uno de cinco reales diarios, y cuya misión era «celar que nada se descamine dando parte al Administrador de todo, acudiendo en objeto del servicio a donde le mandare como su inmediato Jefe» [37]. Por último un escribano para tomar nota de los registros.

Íntimamente relacionado con la habilitación del puerto de Isla Amalia está la creación de un nuevo derecho de una importancia extraordinaria en el contexto mercantil de Florida.

---

[35] «Instrucción que para gobierno de la Administración de Rentas de las riberas de San Juan y Santa María situada en el pueblo de Fernandina forma la Contaduría principal de la Hacienda pública de la Plaza y Provincia de San Agustín de la Florida Oriental consecuente a prevención del Sr. D. Sebastián Kindelan, caballero de la Orden de Santiago, Brigadier de los ejércitos nacionales y Gobernador Militar, Político y Jefe de esta Hacienda en el expediente nombrado interinamente a D. Tadeo de Arribas para desempeñar dicha Administración y vigilar el contrabando». San Agustín, 24 de abril de 1813. A. G. I. Cuba, 440.

[36] Informe de la Contaduría de San Agustín al Gobernador Kindelan. San Agustín, 30 de septiembre de 1813. Manuel López (fdo.). A. G. I. Cuba, 440.

[37] Ibíd.

3) *El derecho de trasbordo*

Como más adelante analizaremos ampliamente, a partir de 1807, año en que los Estados Unidos prohibieron su comercio con los beligerantes europeos que mantenían las guerras napoleónicas, la Isla Amalia se convirtió en un lugar en que tanto estadounidenses como ingleses, sobre todo, depositaban los productos de sus respectivos países para comerciarlos a los Estados Unidos en los que no podían entrar o salir de manera normal. Esta situación que se daba de hecho, no era reconocida de derecho por las autoridades floridanas, con lo que de esta situación poco provecho sacaba la Hacienda Floridana, además que un contrabando de magnas proporciones se efectuaba entre las orillas españolas y norteamericanas. Las dos razones indujeron a los gobernantes de la provincia española a crear un impuesto sobre estas mercancías depositadas en el suelo floridano pero que no se destinaban a su consumo propio; cuando la Isla Amalia después de su invasión por norteamericanos fue devuelta a España y se colocó allí una Aduana independiente, se decidió explotar esta circunstancia. A este efecto escribía el gobernador de Florida: «Como según probables apariencias debo posesionarme muy en breve de la Isla Amalia único puerto del río de Santa María y que por esta razón y la de la guerra en que se hallan la Inglaterra y los Estados Unidos es natural concurran a él como ha sucedido en otras ocasiones muchas embarcaciones de comercio, con objeto de por medio de trasbordo en buques americanos o nuestros introducir sus efectos en la opuesta ribera y que el pago total de derechos que se exige en esta Provincia, por los cargamentos que conducen aquellas naves sean o no descargados o expendidos en el territorio, ocasionan altercados y competencias que a más de ser desagradables pueden en la época presente perturbar el sosiego de ambos países limítrofes, consulto a V. S. se sirva manifestarse si no debe esta Hacienda pública seguir la misma regla que se observa en esa Isla relativamente a los derechos de trasbordo que se cobijan en ella, pues tengo entendido son distintos de los que se pagan cuando los efectos se introducen y consumen en el País cuya disposición me parece tan oportuna» [38].

En resumen, se pedía que se adaptase para Florida lo que ya estaba establecido para Cuba, es decir un impuesto conocido como «transbordo». Continuaba el gobernador de Florida exponiendo la causa fundamental por lo que era pedido: «Esta disposición me parece tan oportuna y equitativa que evita por sí sola la gran parte de la clandestinidad y relajación a que excita el deseo de eludir unos costos tan gravosos pudiéndose asegurar mayor ingreso en las Cajas con la minoración de aquéllos porque por un cinco o seis no es presumible que ningún cargador quiera hacer viciosos sacrificios mayormente cuando no por ello deja totalmente resguardado su capital, siendo cierto que por muchas precauciones que tome queda expuesta a que el menor accidente descubra su delincuencia» [39].

Es decir, se basaba en el contrabando que se hacía, ya que los comerciantes estadounidenses no debían admitir muy bien el tener que pagar un 15 por 100 sobre las mercancías llevadas a Florida no para venderlas, sino para depositarlas. Por ello esas mercancías, al menos su mayoría, o bien ingresaban al país fraudulentamente, o bien como importaciones. Por ello podremos ver cuantitativamente, a partir de esos años de restricciones comerciales, cómo aumentan de una manera asombrosa las importaciones floridanas que no eran para ser consumidas en el país, sino para volverse a exportar (hecho que podremos observar sobre todo en el puerto de la Isla Amalia).

Con lógica, el susodicho gobernador pensaba que la Hacienda del país se beneficiaría más colocando un pequeño gravamen a las mercancías trasbordadas que dejando el sistema mantenido mediante el que todas las importaciones pagaran un 15 por 100, ya que, evidentemente, algunos comerciantes que trajesen sus productos para depositarlos en la Isla Amalia satisfarían el gravamen, pero, por las razones expuestas, otros no lo harían. Sin embargo, si se imponía un corto impuesto por depositar sus artículos no tendrían inconveniente en pagar.

---

[38] Kindelan a Juan de Aguilar. San Agustín, 23 de abril de 1813. A. G. I. Cuba, 440.
[39] *Ibíd.*

Las autoridades de la Hacienda cubana se mostraron muy favorables a la idea: «La guerra entre americanos e ingleses, la proximidad a dicha Isla de unos y otros, la complicación y dificultades que muchas veces encuentran para las expediciones con sus propios papeles y la multitud de acuerdos y cálculos distintos que proporciona el giro mercantil, son todas razones que asoman la mayor conveniencia para que la venturosa Amalia acoja a todo buque y ensanche los límites de su poder, al menos mientras subsista la convulsión y el trastorno que se advierte en el globo, pudiendo ser esto causa de que llamados a aquel punto algunos honrados y ricos habitantes se consiga al mismo tiempo el aumento de población a que siempre ha aspirado aquella Provincia» [40].

El que las autoridades cubanas estuvieran tan decididas al establecimiento de este nuevo impuesto, era en gran parte movido por su propio interés, ya que se pensaba que si los gobernantes americanos prohibían el que sus buques saliesen para cualquier puerto, La Habana se vería privada de continuar su decisivo comercio que en esos años desarrollaba con Estados Unidos. Sin embargo, si se mantenía esta cabeza de puente en Florida y concretamente en la Isla Amalia, los cubanos podrían igualmente depositar allí sus productos que barcos norteamericanos se encargarían de sacar para sus puertos, haciendo éstos lo propio con sus artículos, que recogerían barcos cubanos. De hecho esto se hizo así, como veremos más adelante, siendo Inglaterra y Cuba los principales países que comerciaron con Estados Unidos a través de la Isla Amalia. Este interés de los cubanos en mantener Florida como depósito, ya se comentó en 1812, cuando los puertos estadounidenses se cerraron por la guerra anglo-norteamericana, y se decía referente a esta disposición: «Luego que llegue ésta a noticia de los comerciantes americanos buscarían sin duda los medios de evitar los cruceros ingleses sobre sus costas y llenarían los depósitos en la Florida con cuanto fuese necesario, no solamente para el consumo de dicha provincia, sino también para el de las islas y posesiones españolas y británicas, en esta parte del

---

[40] Isla a Juan Ruiz de Apodaca. La Habana, 22 de mayo de 1813. A. G. I. Cuba, 440.

mundo valiéndose a ese efecto del medio que les ofrecen las comunicaciones internas por los ríos y caminos que conducen desde sus fronteras a nuestras posesiones. Desde los depósitos de la Florida Oriental deberían ser conducidos estos productos a esta Isla en buques nacionales que no tendrían que temer en este lícito comercio interrupción alguna de parte de los cruceros ingleses» [41].

Por fin después de una serie de discusiones y diversas controversias que se mantuvieron a lo largo de todo el último semestre de 1813, se tomó una resolución. Se establecía un impuesto llamado de trasbordo, por el que las mercancías que llegase a Florida para continuar viaje bien en el mismo buque, bien en otro, pagarían un 4 ½ por 100, el 3 por 100 de derechos por este trasbordo y el 1 ½ por 100 por subvención a la guerra. Igualmente estos productos podrían depositarse en tierra durante dos meses, por lo que pagarían un derecho igual al que luego satisfarían al zarpar, esto es el 4 ½ por 100. Sin embargo, si este tiempo de dos meses no habían salido se considerarían las mercancías como importación, debiendo abonar el 15 por 100.

La prórroga de dos meses se aumentó después a cuatro. «Como quiera que en la actualidad de la guerra entre la Gran Bretaña y los Estados Unidos es la época en que se da a conocer la importancia del local de esta provincia para eludir los rigores de la guerra de lo cual puede dimanar el establecimiento de casas de comercio de fondos y el fomento tan deseado del país, cree la Contaduría conveniente se aumente a cuatro meses el término de dos señalados para el depósito, de cuya más anchura a los mercantes para proporcionar buques a propósito aunque se dilate más el cobro de derechos de que necesitan con urgencia las Cajas nacionales, resulta también mayor utilidad al país por los alquileres de almacenaje» [42].

El derecho de trasbordo comenzó a funcionar a fines de 1813 y se mantuvo hasta 1815, ya que ese año, terminada la época de restricciones comerciales en Estados Unidos, sus puertos se abrieron al comercio mundial.

---

[41] Felipe Fatio a José Vázquez de Figueroa. La Habana, 22 de septiembre de 1813. A. G. I. Santo Domingo, 2670.

[42] Manuel López a Kindelan. San Agustín, 30 de junio de 1814. A. G. I. Cuba, 440.

Ya a fines del dominio español sobre Florida (1820) se quiso establecer otra vez el derecho de trasbordo, para lo que se habilitaría un puerto en la boca del río San Juan, puesto que para esa fecha la Isla Amalia era ya territorio estadounidense, por una serie de circunstancias mercantiles que rodearon a Estados Unidos. En efecto, este país había impuesto unos fuertes derechos a los buques franceses que entrasen en sus puertos, igualmente Francia había fijado un impuesto de 100 francos por cada tonelada que navíos norteamericanos introdujesen en puertos franceses al tiempo que se proponía en Francia prohibir la entrada del algodón americano; de igual modo el comercio anglo-americano también se encontraba con dificultades. Entonces se quiso habilitar un puerto sobre el Río San Juan, y aplicar este sistema de trasbordo, que tan buenos resultados había dado anteriormente [43]. La cesión de la provincia a Estados Unidos imposibilitó el proyecto.

En definitiva, el trasbordo significó un hito fundamental en el proceso comercial de Florida y más concretamente, por lo que se refiere a su Aduana en la Isla Amalia. Ello motivó el que se pueda decir que todos los intercambios realizados a través de este puerto estuviesen basados en el trasbordo, en un comercio de paso, si ello fue oficial desde 1813, ya desde muchos años antes se realizaba así.

Por todo ello deberemos diferenciar muy bien entre el puerto de San Agustín y el de la Isla Amalia. Cada uno mantendrá una especial forma de dependencia, en parte por la geografía y en parte por el juego político exterior.

D) LOS EFECTOS DE LA COYUNTURA INTERNACIONAL SOBRE EL COMERCIO DE ESTADOS UNIDOS. LOS BLOQUEOS COMERCIALES: LAS LEYES DE EMBARGO Y NON-INTERCOURSE Y SU INCIDENCIA EN FLORIDA

Al igual que hemos analizado la base jurídica que sustenta el comercio exterior de Florida, nos ocuparemos en este apartado de analizar la influencia que las guerras napoleónicas y sus conse-

---

[43] Coppinger al Capitán General de Cuba, Cagigal. San Agustín, 7 de septiembre de 1820. A. G. I. Cuba, 1931.

cuencias tuvieron sobre el mismo, puesto que esa guerra, fenómeno que abre nuevos recursos, al tiempo que puede destruir otros ya existentes, que transforma a las sociedades y que cambia las opciones ofrecidas a los hombres y a las sociedades en los que éstos se integraban [44], condicionará de modo importante el sentido del proceso de los intercambios en Florida y situará esa dependencia Florida-Estados Unidos en nuevas coordenadas. En definitiva, es necesario dejar implícitas estas circunstancias en la historia de la península floridana para llegar a conocer mejor el problema que nos planteamos en este capítulo, y en este sentido estamos siguiendo a M. Bloch, que comenta: «Un fenómeno histórico nunca puede ser explicado en su totalidad fuera del estudio de su momento» [45].

Queremos dejar sentado el que no nos proponemos un estudio profundo de la coyuntura económica de esta época, ya que el entrar a analizarla ocuparía de por sí un extenso trabajo. Aquí nos limitaremos a plantear una mera introducción al problema para —repetimos— comprender mejor y encuadrar la cuestión que ahora tratamos.

1) *Las guerras europeas y el comercio exterior norteamericano*

Al finalizar la guerra de independencia la actividad fundamental en Estados Unidos era la agricultura, cultivándose aquellos productos más comerciables, puesto que de esta manera esa nación podría conquistar mercados que le estaban vedados a su incipiente industria. Puede decirse que al comienzo de su vida independiente el país «se encontraba con una economía en trance de reorganización que estaba desarrollando su nuevo sector de exportación y aumentando los ingresos del mismo y que durante todo el decenio de 1780-1790 fue superando gradualmente los problemas del reajuste» [46]. El área espacial del comercio norteamericano por esta época la formaban sobre todo las Antillas tanto británicas como españolas. Sin embargo, barreras proteccionistas de las me-

---

[44] García-Baquero, Antonio: *Cádiz y el Atlántico.* Sevilla, 1976.
[45] Bloch, M.: *Introducción a la Historia.* México, 1952, págs. 31-32.
[46] North, D. C.: *Una nueva historia económica. Crecimiento y bienestar en el pasado de los Estados Unidos.* Madrid, 1971, pág. 75.

trópolis —leyes británicas de 1783 y 1787 en que se prohibía terminantemente la entrada de productos estadounidenses en sus colonias aunque fuera a través de conductos interiores [47] y disposiciones españolas que cerraron el tráfico norteamericano abierto durante la guerra independentista [48]— mantenían muy costreñido el nivel de exportaciones estadounidenses. Todo ello confluyó para que su comercio en el decenio de 1780-1790 fuera menos elevado que el mantenido antes de la Independencia [49].

Sin embargo, esta fase de estancamiento comercial se va a ver interrumpida a partir de 1793, conociendo desde entonces un acelerado desarrollo. Las guerras europeas van a actuar de un modo muy señalado sobre el tráfico norteamericano y éste conocerá sus más prósperos momentos [50]. Al tiempo, el país se vuelca, ya decididamente, tanto política como económicamente hacia la actividad exportadora, haciendo de ella la base de su futuro crecimiento. Así queda organizada la actividad mercantil, dentro del más puro capitalismo comercial con grandes comerciantes que desde sus negocios dominan el ritmo de los intercambios en la nación y actúan de una manera clara sobre la producción. Por otro lado, a partir de 1793 y por las circunstancias explicadas, la política exterior prevaleció dentro del contexto político del país. Entre los intereses agrícolas y comerciales que apoyaron federalistas y republicanos respectivamente, se eligieron estos últimos. En definitiva, la economía americana se lanzó al mercado exterior y todos los sectores de ella buscaron en el comercio su expansión y desarrollo.

2) *Los bloqueos económicos y las leyes comerciales restrictivas en Estados Unidos*

Hemos visto, pues, cómo el comercio se convierte por estos años en actividad fundamental dentro de la economía estadounidense. Sin embargo, una serie de hechos vinieron a perturbar y

---

[47] D'a Jones, P.: *An economic history of the United States since 1783.* London, 1964.
[48] Real Orden dada en San Ildefonso a 29 de agosto de 1782. A. G. I. Santo Domingo, 2188.
[49] Vid. North, D. C.: *Op. cit.*, y Bjork, Gordon C.: *The weaning of the American Economy.* «Journal of Economic History», XXIV, n.º 4, 1964.
[50] Vid. Apéndice Estadístico (en adelante A. E.), cuadro I.

dificultar el proceso de los intercambios norteamericanos y serán precisamente esos hechos los que motivaran se pongan en relación los intereses comerciales de Estados Unidos y Florida.

Las guerras «Napoleónicas», que en el fondo eran consecuencia de intereses económicos, trascendieron al campo comercial, cuando los principales beligerantes tomaron una serie de medidas encaminadas a reducir al adversario. Una de ellas fue la ya tradicional de bloquear los puertos. Las marinas de guerra se colocaban cerca de los puertos enemigos y detenían a los navíos. Se llegó incluso a más. Como no había posibilidad de bloquear todos los puertos por falta material de barcos, se abordaban los buques que iban haciendo la travesía, si se descubría que éstos habían frecuentado puertos prohibidos por una u otra potencia, eran confiscados junto con sus mercancías. Así no se reconocía el derecho de la bandera neutral, tan traído y llevado a lo largo de la historia en su concepto dentro del derecho naval mercantil. Estos barcos, neutrales, se vieron afectados por las medidas tomadas por ambos contendientes, sobre todo los de bandera estadounidense, que por estas fechas eran los que llevaban todo el peso del comercio de neutrales [51].

En 1805, los ingleses pusieron en vigencia una ley de 1756 que estipulaba que los neutrales sólo podrían llevar en tiempo de guerra las mercancías que hubieren transportado en tiempo de paz, al tiempo que bloqueaba con su flota los puertos franceses.

La réplica de Napoleón fue la firma, en 1806 y 1807, de los decretos de Berlín y Milán. Por ambos se declaraban cerrados los puertos ingleses al comercio mundial. Además, quedaban excluidos de los dominados por Francia, los buques que comerciaran con el Imperio Británico, al tiempo que todas las mercancías inglesas que de una manera u otra fuesen mercantilizadas en zona francesa quedaban automáticamente confiscadas.

Todavía se sucedieron más leyes, que de una u otra manera se inspiraban en los mismos términos. A la vista de esta situación,

---

[51] Clauder, Anna C.: *American commerce as affected by the wars of the French Revolution and Napoleon*. Clifton (N. J.), 1972. Para estudiar el papel ejercido por Estados Unidos, como proveedores de las colonias americanas, durante esta época: Coastworth, John: *American trade with european colonies in the Caribbean and South America, 1790-1812*. En «William and Mary Quarterly», vol. XXIV, núm. 2. April, 1967.

Estados Unidos decide suspender sus relaciones mercantiles con ambas potencias con el fin de presionar sobre ellas para la derogación de las antedichas leyes y que en tanto perjudicaban a la marina estadounidense. Los gobernantes norteamericanos, confiados en que tanto Inglaterra como Francia, tendrían que claudicar ante la posición adoptada —estas dos naciones eran prácticamente abastecidas por buques neutrales norteamericanos [52]— pusieron en vigor la llamada Ley del Embargo, que prohibía a los buques nacionales el comercio con los países beligerantes. Las reacciones no se hicieron esperar. Así las comenta el cónsul español en New York: «Algunas provincias del norte de este Estado han declarado ser opuestas a las últimas leyes del Embargo, que poco a poco serán generales por los demás de los Unidos. Los administradores de las aduanas de Boston y otros puertos han hecho resignación de sus empleos por no llevar a efecto las órdenes del Gobierno, persuadidos de que son contra la libertad de los ciudadanos y del juramento que han tomado de mantener la Constitución. En esta ciudad, en las demás de este vasto Estado, como en el de Pensilvania han salido sus juntas, todas aspiran a convencer al Gobierno que sus leyes son opuestas a la Constitución. En esta situación se halla el gobierno convencido ya que el Embargo se debe levantar sin atreverse a proponérselo, buscarán algún medio a fin de evitar mayores perjuicios y una conmoción general» [53].

La situación, evidentemente, se presentaba catastrófica para los comerciantes norteamericanos. Toda la vida económica de este país giraba en torno al eje del comercio, y eran muchos los intereses que gravitaban sobre esta actividad. Los hombres del comercio se sintieron amenazados por la ruina, los agricultores sin compradores en sus cosechas, los operarios de los poderosos astilleros sin trabajo; en definitiva, la maquinaria económica de Estados Unidos estaba en trance de pararse.

Los norteamericanos no estaban dispuestos, por tanto, a aceptar esta Ley, y así al tiempo que luchaban por su revocación buscaron

---

[52] Godechot, J.: *Europa y América en la época napoleónica*. Barcelona, 1969. Este mismo punto está tratado en Kirkland, Edward C.: *Historia económica de Estados Unidos*. México, 1947.

[53] Thomas Stoughton al Capitán General de Cuba, Someruelos. New York, 1 de febrero de 1809. A. G. I. Cuba, 1710.

una serie de medidas encaminadas a mantener sus intercambios, aunque fuese en contra de las normas legales. Una de éstas fue el utilizar puertos extranjeros, cercanos y donde mantuviesen una cierta influencia, para así proseguir el comercio que se les prohibía. Los norteamericanos ya habían utilizado este procedimiento tiempos atrás; así en 1759, más de 100 navíos de las 13 colonias practicaron el comercio de trasbordo por el puerto de Monte Cristo, en Santo Domingo, con el fin de proseguir sus intercambios con las Antillas entonces prohibidos por las restricciones comerciales-políticas que impuso la guerra que transcurría en esas fechas [54]. Pues bien, en esta ocasión unos de los escogidos fueron los de Florida, que por el hecho de estar fuertemente controlados por los intereses estadounidenses, sirvieron perfectamente de intermediarios entre el comercio norteamericano y el del resto del mundo. Por eso el comercio de Florida se vio inmerso en el propio estadounidense, que de este modo también utilizó en su provecho el territorio floridano.

Las protestas de los comerciantes y en general de todos los sectores económicos contribuyeron a que en 1808 el Gobierno norteamericano retirara el Embargo y promulgara la llamada *Non Intercourse Act*, mucho más benévola, ya que permitía a los buques americanos comerciar con todo el mundo, quedando solamente prohibidos los fondeaderos franceses o ingleses. Thomas Stoughton, cónsul español en New York, escribía a Someruelos, Capitán General de Cuba, a propósito de esta citada disposición: «Según las disposiciones de los miembros o representantes en la presente sesión del Congreso no continuará el Embargo, pero será adoptada la resolución que a pluralidad de votos han introducido, a fin de prohibir toda entrada en los puertos de estos Estados tanto a los barcos ingleses como franceses armados o sin armar, prohibiendo la importación de los productos, efectos o manufacturas de dichas naciones y de toda comunicación con ellas o sus islas. El partido en el Congreso para levantar el Embargo en cuanto sea para España, Portugal y sus posesiones y los demás neutrales es numeroso, fuerte y decidido a impedir la ruina de la

---

[54] See, Henry: *Orígenes del capitalismo moderno*. México, 1961, págs. 85 a 97.

navegación y promover la salida de sus productos, los representantes de esta ciudad, los de Massachusets y otros hablan con ener-
gía» [55]. El siguiente paso dado por el gabinete estadounidense fue
levantar, también, esta disposición jurídica, con lo que de nuevo
quedaban restablecidas totalmente las relaciones comerciales entre
Estados Unidos y los países beligerantes. Este hecho fue enorme-
mente celebrado, «con esta ocasión tan desada por todos, ha
habido anoche iluminación y durante el día los mayores rego-
cijos» [56].

Sin embargo, la guerra de Europa nuevamente complicó el comercio norteamericano. En 1810 una hábil maniobra diplomática
de Napoleón puso a Inglaterra en una difícil situación. El Empe-
rador ofreció a los gobernantes de Estados Unidos el respetar los
buques de su bandera si los ingleses hacían lo propio. Era una
maniobra muy hábil porque el francés sabía que Inglaterra era el
único país que contaba con una flota capaz de bloquear puertos
o abordar navíos en alta mar. Esta última nación se negó al pacto,
y el Presidente Madison la amenazó con el rompimiento total de
las relaciones comerciales de nuevo, amenaza que llevó a efecto.
Sobre esto comentaba el embajador Luis de Onis: «El Presidente
de los Estados Unidos a ciencia cierta de que los decretos de Milán
y Berlín no habían sido revocados ha tenido la osadía de publicar
una proclama manifestando que habiéndose alzado estos decretos
quedaba abierto este comercio a Francia y cerrado a Inglaterra
desde el día dos de febrero si antes de aquel tiempo no se habían
revocado las órdenes del Consejo de S. M. Británica» [57]. A causa
de estas directrices comerciales, por las que Estados Unidos se
encontraban prácticamente aliados a Francia en su política de
bloqueo continental a Inglaterra, la situación llegó a ser muy ti-
rante entre las autoridades estadounidenses e inglesas y a la postre
fue una causa determinante —junto con otras de tipo territorial—
de la guerra anglo-norteamericana que comenzó en 1812.

---

[55] T. Stoughton a Someruelos. New York, 7 de diciembre de 1809. A. G. I.
Cuba, 1710.
[56] T. Stoughton a Someruelos. New York, s. f. A. G. I. Cuba, 1710.
[57] Luis de Onís a Someruelos. Filadelfia, 12 de febrero de 1811. A. G. I.
Cuba, 1708.

Por el hecho de la guerra volvían a ser cerrados los puertos estadounidenses. El acta que lo ordenaba jurídicamente decía: «Queda decretado que ningún buque perteneciente a ciudadano o ciudadanos, súbdito o súbditos de algún estado o reino en amistad con los Estados Unidos, sea admitido en los puertos americanos, a no ser forzado por temporales o para reparar averías y todo buque perteneciente a ciudadanos o súbditos de algún estado o reino en buena inteligencia con los Estados Unidos, exceptuando los buques que se dirá después que entren o pretendan entrar en los puertos mencionados después del primero de noviembre próximo, será confiscado con su cargamento y se adjudicará a los Estados Unidos. Se exceptuarán de esta regla los barcos que pertenezcan anteriormente a esta acta, a ciudadanos o súbditos de algún Estado o Reino en amistad con la Confederación americana, los que se construyeran en los dominios de las naciones en amistad con los Estados Unidos y los que se compraren de americanos por ciudadanos o súbditos de potencias en buena correspondencia con los Estados Unidos» [58].

Nuevamente los comerciantes veían en peligro sus intereses y con ellos todos los sectores dependientes de la actividad mercantil. Por ello, otra vez, volvieron a utilizar el territorio floridano para sus fines. Mientras en Florida, por estos años, se aprueba una ley que permitía a los buques extranjeros trasbordar productos por sus puertos —como ya hemos analizado—. Esta ley potenció aún más la presencia estadounidense en el comercio de Florida, ya que si antes esa presencia había sido manifiesta, ahora con unas normas jurídicas favorecedoras, se hizo más patente y decidida.

Por fin el 14 de abril de 1814, tenía lugar el último episodio de esta serie de leyes restrictivas en cuanto al comercio, cuando el Presidente Madison derogaba el Embargo y Acta de No-Intercambio: «Se ha acordado por el Senado y Cámara de representantes de los Estados Unidos de América, reunidos en Congreso, que el acta intulada, acta estableciendo un embargo en todos los buques y embarcaciones en los puertos y sedes de los Estados Unidos

---

[58] «Acta del Congreso de los Estados Unidos prohibiendo que los buques americanos salgan para los puertos de los enemigos de los Estados Unidos o que comercien con ellos y para otros objetos». A. G. I. Cuba, 1837.

(dada) el día 17 de diciembre de 1813 debe ser y por tanto se revoca»[59].

La influencia que la guerra tuvo sobre Estados Unidos y que esta nación transmitió a Florida, producto del juego mutuo de relaciones, incidió poderosamente sobre el comercio floridano-estadounidense, acentuándose por mor de esta actividad el acercamiento entre ambos países, en el sentido de la dependencia. Las páginas siguientes lo demostrarán.

E) ANÁLISIS DEL TRÁFICO

1) El caso de San Agustín

a) *Tipología naval*

Los tipos de buques y el número de éstos utilizados en el comercio que se realizó a través del puerto de San Agustín fueron los siguientes:

Tipo	Número	% con respecto al total
Goletas	885	58,40
Balandras	505	33,32
Botes	59	3,91
Bergantines	52	3,44
Fragatas	11	0,72
Falúas	3	0,21
Paquebotes	1	0,10
	1.516	100,00

El predominio, pues —entre la tipología naval con la que nos encontramos—, es de los navíos de tipo medio como balandras y goletas que tenían aproximadamente un tonelaje comprendido entre las cincuenta y las cien toneladas y cien a doscientas res-

---

[59] «Acta revocando el Embargo y Non-Importation». Charleston, 22 de abril de 1814. A. G. I. Santo Domingo, 1637.

pectivamente. En menor proporción aparecen buques más pequeños como botes y bergantines. Este último —que era muy utilizado por los norteamericanos— llevaba palo mayor y trinquete, portaba velas cuadradas y podía cargar entre ciento cincuenta y doscientas toneladas. Tanto las fragatas como otras embarcaciones —falúas y paquebotes— fueron poco empleadas. Las primeras porque se trataba de buques de gran tonelaje —con tres palos, dos cubiertas y capaces de transportar cuatrocientas o quinientas toneladas de carga— y ya hemos resaltado cómo estos tipos de navíos difícilmente podían fondear en el puerto de San Agustín por no permitirlo su barra. En cuanto a las falúas y paquebotes, en realidad fueron muy poco utilizados en el comercio, en general, de esta época.

b) *Distribución por países del número de buques comerciando por San Agustín.*

Para analizar este aspecto hemos dividido los orígenes o destinos de los navíos en cuatro grandes grupos: Estados Unidos, Inglaterra y sus posesiones, España y su Imperio y un núcleo general que hemos titulado «Otros», donde se incluyen buques de diversos países. Para el presente apartado las fuentes sólo cuantifican el problema desde 1794, de ahí que no comencemos su planteamiento en 1793.

Origen	Número de buques entrados	% con respecto al total
Estados Unidos	787	83,82
Inglaterra	20	2,12
España	126	13,42
Otros	6	0,64
	939	100,00

Queda manifiesta la supremacía de buques procedencia de puertos norteamericanos, por lo que en este sentido el transporte de las mercancías llegadas al país por esta Aduana fue prácticamente monopolizado por la bandera de la Unión. Examinada la cuestión serialmente [60], puede decirse que las embarcaciones estadounidenses mantuvieron una regularidad constante, acentuándose su presencia entre 1794 y 1807; además la afluencia de buques procedentes de radas inglesas o españolas se hace casi exclusivamente desde 1808, cuestión que debemos poner en relación con las circunstancias bélicas y sus consiguientes repercusiones que ya hemos tenido ocasión de explicar.

En cuanto los buques por sus puertos de destino:

Destino	Número de buques salidos	% con respecto al total
Estados Unidos	454	84,08
Inglaterra	19	3,52
España	63	11,66
Otros	4	0,74
	540	100,00

Volvemos a encontrarnos ante el mismo fenómeno registrado anteriormente; eran, fundamentalmente, navíos con destinos estadounidenses los que se encargaban de sacar las mercancías de San Agustín. En el análisis, más pormenorizado, por años tendríamos que volver a repetir las mismas consideraciones expuestas más arriba [61].

Naturalmente todo lo dicho concuerda con el grado de participación de Norteamérica en las importaciones y exportaciones del territorio floridano.

Por fin, en lo que se refiere a los países que llevaron sus barcos a transbordar mercancías por el referido puerto, tenemos las siguientes cifras y porcentajes:

---

[60] Vid. A. E. Serie A, Cuadro 2.
[61] Vid. A. E. Serie A, Cuadro 3.

Trasbordo	Número de buques trasbordado	% con respecto al total
Estados Unidos	5	35,72
Inglaterra	2	14,28
España	6	42,86
Otros	1	7,14
	14	100,00

En esta ocasión los norteamericanos, que evidentemente preferían el puerto de la Isla Amalia tanto por su proximidad como por otras causas derivadas del propio puerto, dejaron, en una mínima parte, su puesto preponderante a los navíos españoles (sobre todo cubanos) que utilizaron San Agustín para el trasbordo de sus productos. En general, puede verse el escaso contingente de embarcaciones que se dedicaron a esta especial modalidad del tráfico [62]. Esta mínima participación tiene su causa en que la Aduana de la Isla Amalia, sentada en la ciudad de Fernandina, se convirtió en sitio obligado del trasbordo.

En definitiva, podemos terminar diciendo que la presencia norteamericana se convierte en fundamental, ya que en realidad los que mantenían y por tanto permitían el proceso mercantil por el puerto de San Agustín eran embarcaciones con origen o destino estadounidense. Prueba ineludible de la importancia de su participación y control en el comercio del territorio.

c) *Productos y valores comerciados. Su área espacial*

Nos parece fundamental en este capítulo no sólo estudiar las mercancías y sus valores que se comercializaron por Florida, sino además relacionarlos con su área espacial, no analizada desde el punto de vista geográfico, sino como aquel espacio económico con el que se va a desarrollar este comercio, o lo que es igual, los países que de una manera u otra tuvieron relaciones con la provincia española. Todo ello con el fin principal, no tanto de exami-

---

[62] Vid. A. E. Serie A, Cuadro 4.

IV. — 8

nar el grado de desarrollo o no desarrollo de su comercio, sino de llegar a un conocimiento real de qué nación acaparó fundamentalmente los intercambios en Florida.

Se nos planteaba una cuestión puramente técnica, y ésta era que en virtud de las circunstancias especiales que convergieron sobre el país muchas naciones se vieron incluidas en él. Ello evidentemente nos llevaría a tener que estudiar como espacios económicos a todas y cada una de estas naciones, lo cual difuminaría bastante el tema a tratar. Entonces hemos considerado conveniente analizar este espacio económico más por zonas que por países, incluyendo únicamente como nación a los Estados Unidos por su mayor entidad en el tráfico. Estas zonas son, Estados Unidos, Inglaterra con sus colonias (entre las que hay que destacar las antillanas), España con sus propias (sobresale Cuba, país bajo la esfera española que más intercambios mantuvo con Florida) y otra que hemos titulado genéricamente «Otros», donde se engloban una gran diversidad de países, desde Francia y sus posesiones hasta Rusia, Holanda, Portugal, etc., ya que en realidad llega un momento que el espacio económico del comercio de Florida se confunde con el de Estados Unidos por el profundo nivel de interrelaciones entre ambos.

Queremos por último indicar que todo lo expresado nos servirá igualmente a la hora de examinar el caso de la Isla Amalia.

PRODUCTOS Y ÁREA ESPACIAL.

Importaciones:

Como ya dijimos, para este aspecto nos encontramos con graves lagunas documentales que no nos permiten cuantificarlo. En efecto, desde 1794 a 1814 (años a los que sólo nos podemos referir por imperativos de las fuentes) todos los productos importados aparecen en la citada documentación no especificados, sino agrupados bajo nombres genéricos como «géneros y efectos», «Frutos» o a lo más como «Víveres». Naturalmente, ello nos impide analizar de qué tipo eran los artículos y cuáles propiamente. Únicamente sí nos atrevemos a afirmar que la mayoría de los artículos englobados bajo estos conceptos eran de los llamados «de primera necesidad» por la terminología moderna. El país ya sabemos era deficitario de ellos, por las razones que ya estudiamos en el capítulo II. Una relación de importaciones de San Agustín en los años 1810 y 1811 [63], viene a que nos reafirmemos en la idea expresada, ya que en ella queda claro que el principal contingente de productos eran los de tipo alimentario. Un hecho que influyó poderosamente en la necesidad de importar géneros de consumo primario era el que Florida contaba con una gran parte de población dependiente directamente, en sus necesidades alimenticias, de la propia administración. Entre ellos toda una serie de empleados en la burocracia que gozaban de la prerrogativa de una razón alimenticia por cuenta del gobierno; además la tropa de guarnición en el país, a la que se debía suministrar el «rancho» diario; por último los presidiarios que cumplían condena, que también recibirían su alimentación de la hacienda floridana. En este sentido los víveres necesarios solamente durante seis meses, para soldados, empleados y presos consistían en:

1.630 barriles y 27 libras de harina a 190 libras barril.
1.850 quintales y 36 libras de carne fresca.
849 quintales y 57 libras de arroz.
20 fanegas, 6 celemines y 782 milésimas partes de celemín de sal [64].

Naturalmente a esta población habría que añadir el total de la sociedad de Florida, que debido a la escasa productividad del territorio debían buscar en mercados extranjeros sus necesidades de consumo.

Hay además otras dos razones poblacionales-económicas que nos inducen a pensar que la mayoría de las importaciones debían corresponder a artículos de primera necesidad. La primera, el hecho de que —como vimos— la estructura económica de la región se fundamentaba en las actividades que hoy llamaríamos y encuadraríamos dentro del sector servicios, lo que tendría como resul-

---

[63] Vid. A. E. Cuadro 5. A. G. I. Cuba, 433.
[64] Víveres necesarios para racionar seis meses a la tropa que se halla en esta plaza e igualmente a los empleados de la Real Hacienda, presidiarios y demás que gozan de ración. San Agustín, 12 febrero 1820. A. G. I. Cuba 428.

tado una baja en la productividad y por tanto haría necesario la importación de los bienes más elementales para la subsistencia diaria. En cuanto a la segunda, la ya referida de que la mayoría de la población vivía en condiciones de economía natural, con un bajísimo nivel adquisitivo, derivado de un escaso ingreso individual lo cual a la postre haría que éstos demandasen únicamente los artículos imprescindibles para la vida, aunque hubiese las naturales excepciones.

En cuanto a la procedencia de las importaciones, los mismos problemas documentales anteriormente relatados nos impiden relacionarlas con sus países de origen, por razones fáciles de entender. De todos modos parece fundamental la participación norteamericana en este sentido, así al menos lo apuntaban los contemporáneos: «De los vecinos Estados Unidos, se introducen todas las provisiones necesarias a la vida» [65]. Quede aquí solamente esbozada esta cuestión que en el siguiente apartado trataremos de demostrar.

Exportaciones:

En esta ocasión las fuentes nos permiten cuantificar algunos de los artículos exportados y conocer sus destinos, lo cual nos lleva a medir la participación de las diferentes zonas en este sector. Naturalmente de ello no podremos deducir conclusiones generales mercancías-área espacial, sino exclusivamente sectoriales con base en aquellos productos de los que tenemos referencia.

Éstos, de los que puede ser medida su exportación de una manera serial, son: naranjas, zumos, arroz y algodón [66].

De naranjas se exportaron 2.321.900 unidades; y de zumos de éstas 26.706 galones, los cuales salieron íntegramente para Estados Unidos. El mercado norteamericano prácticamente monopolizó éstos a lo largo de todos los años estudiados, como se desprende

---

[65]   Coppinger al Superintendente de la Real Hacienda de la Isla de Cuba. San Agustín, 1 de marzo de 1819. A. G. I. Cuba, 1876.

[66]   Un producto, que no podemos poner en relación con su espacio económico pero que fue regularmente exportado por este puerto fueron maderas, de pino y sabina, sobre todo, de las que ya conocemos era muy rico el territorio. Aunque no podamos cuantificar sus destinos, parece que estas

del examen anual [67]. Observando éste vemos cómo las cantidades exportadas están sujetas a fuertes fluctuaciones, lo cual parece tener su razón en el estar demandadas por un solo mercado y dependientes, por tanto, de las ofertas que exclusivamente éste le hiciese que variarían según las condiciones económicas propias. Todo ello provocaría el consiguiente desbarajuste entre los propios cultivadores para la comercialización de estos frutos (gráficas 7 y 8).

En cuanto al algodón, decíamos en el capítulo II que se cultivaba en el territorio por ciudadanos norteamericanos, debido a la gran demanda que del expresado artículo existía en los Estados Unidos, desde donde salía a países europeos, sobre todo a Inglaterra, cuyas fábricas textiles —aquellas que revolucionaron industrialmente al país— solicitaban la materia prima ansiosamente. Al integrarse Florida en el circuito de producción algodonera estadounidense, la mayor parte del conseguido en sus tierras saldría para puertos norteamericanos desde los que se volverían a exportar a Inglaterra. En definitiva, el algodón floridano tendría el mismo proceso que el cultivado en Georgia, por ejemplo (Gráfica 9).

Las cifras y destinos de las exportaciones parecen confirmarlo. En efecto, de un total de 396.584 libras exportadas, 260.457, ó sea, un 65,67 por 100 salieron para Estados Unidos, mientras 136.127 lo fueron a Inglaterra, el 34,33 por 100.

El estudio serial nos permite profundizar en esta cuestión [68]. A la vista de estas cantidades dos aspectos son observables. Primero las fluctuaciones de las cantidades, sobre todo a partir de 1799, en que se acelera el nivel de éstas. En un segundo aspecto se observa que mientras de 1794 a 1809 los Estados Unidos monopolizan las exportaciones, de 1809 a 1814 —años como analizamos de

---

maderas salían sobre todo a Estados Unidos. Así, en una carta enviada por un representante de la administración floridana al Superintendente de la Real Hacienda de Cuba, aquél comentaba: «Los angloamericanos compran las maderas, las conducen a sus puertos con facilidad y casi sin costos, por la inmediación, y las venden después beneficiada, a precios ventajosos o la aplican a sus fábricas o a construcción de buques para su marina real y mercante. Ellos son los únicos gananciosos de esta especulación que hacen a salvo sin trabas ni quebrantos» (A. G. I. Cuba, 1876).

[67] Vid. A. E. Serie B, Cuadros 6 y 7.
[68] Vid. A. E. Serie B. Cuadro 8.

restricciones en el comercio norteamericano por leyes dictadas al respecto— comparten éstas con Inglaterra. De ello se pueden sacar algunas conclusiones; una sería el que, evidentemente, no todo el exportado sería producido en el territorio, sino que una parte de él habría sido previamente introducido, falsamente, como importaciones por los norteamericanos, y otra que nos señala que en condiciones de comercio, digamos normales, el algodón tuvo su circuito ya enunciado Florida-Estados Unidos-Inglaterra; sin embargo, cuando Norteamérica tuvo dificultades, se rompió la cadena comercial por un eslabón, quedando el tráfico reducido a Florida-Inglaterra.

Todo ello, en definitiva, nos viene a demostrar la dependencia de Florida en la comercialización de su algodón, lo cual es un reflejo de la ligazón que este país mantenía tanto en su agricultura, como en la comercialización de ella, con relación a los Estados Unidos, que se convertían, así, en controladores absolutos de la ya de por sí escasa actividad productora del territorio.

Otro producto del que podemos medir sus exportaciones y relacionarlas con su espacio económico es el arroz, del que salieron las siguientes cantidades en libras repartidas por países:

Estados Unidos	Inglaterra		España		Otros	
—	30.000	8,37 %	273.736	76,44 %	54.000	15,19 %

Ciertamente este artículo que no era cultivado en Florida como para tener un excedente negociable no fue exportado, sino meramente trasbordado, ocupando Cuba el principal lugar de destino de estas «exportaciones» (el hecho de haber colocado la zona España y sus posesiones, es en esta ocasión meramente terminológico).

El examen serial nos hace afirmarnos más en esta hipótesis [69]. Los años en los que transcurren estas supuestas exportaciones parecen demostrarnos que este género tenía su origen en Estados Unidos, el cual al no poderlo comerciar directamente con los paí-

---

[69]   Vid. A. E. Serie B, Cuadro 9.

ses expresados lo llevó a San Agustín, desde donde volvió a salir para las zonas citadas. Es decir, que a pesar de no estar instituido aún en este año, de 1809, el derecho de trasbordo, se hacía de una manera velada con el nombre de exportaciones, algo a lo que no debían ser ajenas las propias autoridades del territorio.

Todo esto, que ya hemos visto, también sucedió con las exportaciones de algodón —aunque en menor escala, puesto que esta mercancía sí era producida en el propio país—, nos lleva a otra forma de dependencia en las relaciones comerciales Florida-Estados Unidos, nueva forma que hacía igualmente dependiente a la península floridana, en cuanto a sus intercambios, de su vecino anglosajón. Hecho que será mucho más explícito en el comercio realizado a través de la Isla Amalia, como tendremos ocasión de comprobar.

Trasbordo:

Para este aspecto del tráfico no contamos con ningún dato. De todos modos la escasa trascendencia del trasbordo por el puerto de San Agustín haría que los productos comerciados, en este sentido, fuesen mínimos. Por lo que se refiere a la clase de artículos, debemos suponer que serían los mismos que se depositaron en el puerto de la Isla Amalia a los que nos referiremos más adelante.

VALORES COMERCIADOS Y ESPACIO ECONÓMICO.

Como ya explicamos en el apartado de las fuentes para el estudio del comercio, a través de los diferentes impuestos que pagaban las mercancías al ser comerciadas, podemos perfectamente conocer el monto total a que éstas ascendieron, lo cual nos llevará a saber de un modo específico el valor total de los productos, en general, importados, exportados o trasbordados en el territorio, relacionando éstos con su espacio económico. Naturalmente ello nos impedirá conocer la relación mercancía-valor-país, pero, sin embargo, no tenemos ningún reparo en señalar que el solo conocimiento de los valores absolutos intercambiados con su área espacial es más que suficiente para los fines fundamentales a los que nos proponemos llegar en este capítulo.

Importaciones:

La participación en el valor total de éstas llegadas a San Agustín se repartió del modo siguiente entre 1794 y 1818 (año hasta el que tenemos datos) (valor en pesos) (gráficas 10 y 11).

Estados Unidos		Inglaterra		España		Otros		Total	
905.965	95,29 %	20.425	2,15 %	17.508	1,84 %	6.766	0,72 %	950.664	100 %

Las cifras son extremadamente concluyentes. Estados Unidos se nos muestra como país protagonista de las importaciones. Si tenemos en cuenta que la práctica totalidad de los productos eran «de primera necesidad», fundamentales para el consumo de la sociedad floridana, resulta evidente no sólo que San Agustín era dependiente de las importaciones norteamericanas, sino que sin éstas el país era imposible que subsistiera. Es decir, que en definitiva, era tal el grado de dependencia de Florida con respecto a las mercancías norteamericanas —hecho, además, manifiesto año tras año [70]— que no dudamos en señalarla como una de las causas más decisorias a la hora de explicarnos las relaciones de dependencia que a lo largo de toda su segunda dominación española mantiene Florida con respecto a Estados Unidos. Al tiempo esta circunstancia comercial tendría consecuencias decisivas —por todo lo que económicamente suponía— para que se produjera su postrer destino: pasar de la administración española a la norteamericana.

Exportaciones:

Globalmente éstas tuvieron los siguientes valores, repartidos por países (valor en pesos) (gráficas 12 y 13):

Estados Unidos		Inglaterra		España		Otros		Total	
205.994	75,63 %	17.817	6,55 %	42.631	15,65 %	5.900	2,17 %	272.342	100 %

La preponderancia estadounidense, esta vez en las exportaciones, continúa siendo manifiesta. Observando el movimiento serial

---

[70] Vid. A. E. Serie B, Cuadro 10.

podemos llegar a matizar este aspecto [71], ya que en él presenciamos dos ciclos distintos, uno que va desde 1794 a 1807, en el que la participación norteamericana es prácticamente mayoritaria y en el que se practicaría un comercio directo entre Estados Unidos y Florida (es decir que las mercancías salidas del territorio eran productos del mismo) y otro de 1807 a 1816 —años de leyes restrictivas para el comercio estadounidense— en que el papel norteamericano de principal receptor de las exportaciones floridanas es ocupado por otras naciones, lo que parece hacernos ver que en este segundo ciclo San Agustín cumple una faceta de intermediario en el comercio entre Estados Unidos y esa serie de países citados —sin menoscabo de que se continuase realizando ese comercio directo—, lo cual ya hemos indicado es otra modalidad de dependencia del comercio floridano.

Trasbordo:

En los escasos años que tiene lugar el mencionado sistema implantado más con fines fiscales que comerciales por la administración floridana, la relación de valores por países queda del modo siguiente (valor en pesos) (gráfica 14):

Estados Unidos		Inglaterra		España		Otros		Total	
44.154	46,34 %	48.155	50,54 %	2.510	2,63 %	466	0,49 %	95.285	100 %

Vemos cómo el valor de las mercancías trasbordadas por este puerto fueron muy exiguas, y que Inglaterra fue el país que junto con sus colonias, tuvo mayor participación, aunque el examen coyuntural nos permite decir que entre éstas y Estados Unidos se reparten los trasbordos [72].

En definitiva, esta modalidad comercial, por la cual los puertos floridanos eran meramente depositarios de mercancías extranjeras, como ya analizamos, tuvo muy poco desarrollo en San Agustín; lo que hace debamos considerar que el trasbordo realizado por el expresado puerto fue un reflejo del que —en mucho mayor volumen— se practicara por la Isla Amalia.

---

[71] Vid. A. E. Serie C, Cuadro 11.
[72] Vid. A. E. Serie C, Cuadro 12.

A MODO DE CONCLUSIÓN: BALANZA COMERCIAL.—A lo largo de estas últimas páginas ha quedado suficientemente demostrada la dependencia que mantenía en el proceso de los intercambios Florida —por éste su puerto de San Agustín— con los Estados Unidos. Para terminar de reafirmar esta conclusión basta que observemos la balanza comercial que registra el citado puerto, puesto que a pesar de que los resultados de ella hay que tomarlos con la debida cautela, ya que sobre todo desde 1807 no todos los valores de importaciones-exportaciones corresponden a productos comerciados por Florida, sino que como hemos visto algunos de éstos sólo llegarían a San Agustín «de paso», es decir, como si en realidad fuesen trasbordados, aunque no se pueda hablar de trasbordo en Florida hasta 1813-1814—, parece que a través del mencionado puerto se dio fundamentalmente un comercio directo Estados Unidos-Florida, ocupando la Isla Amalia más propiamente ese comercio intérlope, protector de los intereses mercantiles estadounidenses. La citada balanza arroja un saldo total de — 678.332 pesos, lo cual nos está indicando un fuerte predominio de los valores de las importaciones sobre las exportaciones. El análisis serial de la citada balanza hace perfectamente visible que todos los años estudiados registren caracteres negativos [73]. En definitiva, todo ello nos demuestra la incapacidad productiva del país por lo que éste necesitaría del exterior para cubrir la demanda interna, en este caso el exterior eran los Estados Unidos. Por todo ello, volvemos a repetir, el comercio de Florida es causa fundamental a la hora de plantearnos la dependencia de este país respecto a Norteamérica.

2) El caso de la Isla Amalia

a) Tipología naval.

Aunque este puerto comenzó a actual oficialmente desde el año 1803, la documentación estudiada no nos permite examinar este aspecto nada más que a partir de 1809.

El número y tipos de buques ocupados en el comercio llevado a cabo por esta Aduana fueron los siguientes:

---

[73] Vid. A. E. Serie C, Cuadro 13.

Tipo	Número	% con respecto al total
Goletas	665	34,27
Balandras	379	19,53
Bergantines	312	16,10
Fragatas	286	14,74
Botes	276	14,22
Polacras	22	1,14
	1.940	100,00

Puede verse que el predominio es de las goletas, buque más utilizado en los intercambios de este puerto. En este sentido de la tipología naval hay un hecho fundamental que nos llama la atención: la utilización en el comercio de la Isla Amalia de embarcaciones de alto tonelaje —en oposición a lo visto anteriormente en el propio de San Agustín— como las que se citan. Ello tiene su fundamentación en las especiales características del fondeadero de la Isla Amalia. En efecto, ya hemos señalado que éste presentaba muy buenas condiciones portuarias, un amplio calado y una fácil accesibilidad que hacía a los buques extranjeros fácil llegar hasta él, aunque fuese un lugar no conocido para ellos. El que pudiesen entrar estos tipos de barcos hizo que los comerciantes, en general, prefiriesen la utilización del mencionado puerto al de San Agustín, ya que era mucho más beneficioso —en tanto en cuanto el alto tonelaje siempre reduce costos en los transportes— desde el punto de vista mercantil. Situación ésta que se planteaba a la inversa en San Agustín, donde los contemporáneos comentaban: «Lo caro que hemos encontrado este país a causa del infierno de esta barra que todo lo hace subir de precio por el riesgo de pasarla» [74].

b) *Distribución por países del número de buques comerciando por la Isla Amalia.*

Igualmente este punto, por exigencias documentales, será tratado sólo desde 1809 a 1817.

---

[74] Céspedes a Gálvez. San Agustín, 30 julio 1784. A. G. I. Cuba 150.

En cuanto a las entradas:

Origen	Número de buques	% con respecto al total
Estados Unidos	647	80,48
Inglaterra	82	10,19
España	59	7,34
Otros	16	1,99
	804	100,00

Es decir, que al igual que en el puerto de San Agustín fueron navíos procedentes de Estados Unidos los que entraron fundamentalmente en el de la Isla Amalia. Analizado serialmente el problema [75], queda claro que a lo largo de todo el período la supremacía de buques procedentes de puertos estadounidenses es manifiesta, destacando los dos años primeros, 1809 y 1810, en volumen de embarcaciones llegado de éstos. En definitiva, fueron, pues, norteamericanos los navíos encargados de transportar las mercancías entradas en el citado puerto. En lo que se refiere a los salidos:

Destino	Número de buques salidos	% con respecto al total
Estados Unidos	169	29,92
Inglaterra	312	55,22
España	52	9,20
Otros	32	5,66
	565	100,00

Así pues, vemos cómo el destino fundamental de los barcos que salían de este puerto eran fondeaderos ingleses. En este caso asistimos a otra diferencia de esta Aduana con respecto a la de San Agustín. Por otro lado, el mayor número de buques con salida hacia puertos ingleses se registra, igualmente que aconteció en las entradas de buques norteamericanos, entre 1809 y 1810 [76].

---

[75] Vid. A. E. Serie D. Cuadro 14.
[76] Vid. A. E. Serie D, Cuadro 15.

Este fenómeno tiene mucho que ver con el proceso de importaciones y exportaciones y el principal sentido que esas tienen en este puerto, como más adelante estudiaremos. Quede ahora claro el hecho de que eran buques con destinos británicos los que cubrieron fundamentalmente las salidas de los artículos por la Isla Amalia.

Nos queda por último referirnos a los buques que efectuaron trasbordos:

Trasbordo	Número de buques	% con respecto al total
Estados Unidos	178	31,52
Inglaterra	64	11,32
España	144	25,48
Otros	179	31,68
	405	100,00

En esta ocasión tanto embarcaciones norteamericanas como las de «Otros países» se encargaron de transportar los artículos depositados en el citado puerto. Examinada la cuestión coyunturalmente parece palpable que el año 1814 es el que registra mayor número de buques trasbordando. Dos factores contribuyen a ello, primero el que en esta fecha es cuando toma cuerpo este derecho, de una manera importante, en la administración floridana, y segundo que en el mismo año —como hemos visto— sucedía la guerra anglo-norteamericana, por lo que los puertos norteamericanos se encontraban bloqueados para ejercer el comercio, factor que motivaría el que Isla Amalia fuese puente mercantil entre los intercambios de Estados Unidos y el resto del mundo [77].

Respecto a este sistema comercial tendremos que decir que en este puerto adquiere mucha mayor importancia que para San Agustín, como nos demuestra el mayor número de buques que se encargaban de transportar mercancías con fines de trasbordo.

---

[77] Vid. A. E. Serie D, Cuadro 16.

c) *Mercancías y valores comerciados. Su área espacial.*

PRODUCTOS Y ÁREA ESPACIAL.—Tendremos que volver sobre lo ya expuesto para el puerto de San Agustín en el sentido de que la documentación únicamente nos permite cuantificar determinadas mercancías y relacionarlas con su espacio económico. Es decir, que las conclusiones extraídas sólo serán parciales por estar referidas a determinados artículos y no a todos los comerciados.

Importaciones:

Los productos que hemos podido cuantificar serialmente en este sentido fueron algodón, arroz y harina. Otros artículos que se citan, como importados, aunque no se mida su cantidad, fueron jabón, velas, vinos, carnes, mantecas, sal, clavos, hierros, ropas y tejidos, diferentes aperos de labranza, maderas, arcos y duelas, etcétera. En cuanto a la procedencia de estos últimos hay una fundamental: Estados Unidos.

Nos referiremos exclusivamente a los cuantificados. Así, del algodón llegado a Isla Amalia, que supuso un total de 1.606.607 libras, tenemos que decir que en su totalidad llegó procedente de Estados Unidos. Resulta claro que nos encontramos ante un caso de importaciones fingidas. Ciertamente el país no necesitaba de este algodón, y menos en las cantidades señaladas, por su propia estructura económica y porque era precisamente de uno de los pocos productos de los que el territorio era exportador, por lo que difícilmente se concibe su importación en el caso de Florida. Es decir, que el artículo sería importado para volver a ser exportado y estaría de mero paso en los almacenes del puerto. En definitiva, era un trasbordo subrepticiamente llevado años antes de que éste se reconociese oficialmente por las autoridades floridanas. El examen serial (gráfica 15) [78] nos ayuda a comprender mejor el sentido des esta «importación». A través de él vemos cómo el algodón entrado conoce un incremento considerable entre 1809 y 1810, para bajar a partir de entonces. La explicación radica en que en los dos primeros años al no estar aprobado el derecho de trasbordo y sin embargo tener el comercio norteamericano restricciones jurídicas

---

[78] Vid. A. E. Serie D, Cuadro 17.

—como ya analizamos— éste se vio obligado a practicarse indirectamente, es decir llevando las mercancías a la Isla Amalia, las que buques de diversas nacionalidades recogerían para llevarla a sus propios puertos; por otro lado, al regularizarse el trasbordo no fue necesario acudir a esta maniobra, por lo que fue menos utilizada, como puede apreciarse.

Otro artículo al que nos podemos referir es el arroz. La totalidad de 1.890.288 libras importado lo fue de Estados Unidos. Aunque no cabe duda de que una parte de este total será para consumo propio del territorio, una gran proporción de arroz sería introducido con los fines que ya explicamos en el caso del artículo anterior. Observada la cuestión serialmente, nos encontramos ante la misma situación que hemos planteado más arriba, por lo que no vamos a insistir otra vez en ello [79].

Por fin nos encontramos con el último producto que las fuentes nos han permitido cuantificar, la harina. De un total de 9.583 barriles, llegados al país, 9.204, ó sea, el 96,04 por 100, procedían de los Estados Unidos, y 379 de España y sus posesiones americanas, el 3,96 por 100. Examinando la coyuntura de las importaciones de este artículo, podemos decir que coexisten esas dos formas de dependencia comercial de Florida en relación a Estados Unidos de las que hemos venido hablando. En efecto, una parte de esa harina, sobre todo en los años 1803 a 1808, parece que realmente se importó con fines de ser consumidos en el propio territorio donde vimos era muy necesaria. Sin embargo, el alza tan acusada que en la importación de este producto se registra desde 1809 a 1815, nos parece indicar que una gran parte de ella tendría como meta otros puertos distintos del español, ya que no hay nada que nos indique que el país a partir de ese año pasase a consumir más de este artículo ni por incremento de su población, ni por otro tipo de circunstancias [80].

Exportaciones:

Estos dichos productos que hemos recogido en el punto anterior son los que podemos también cuantificar en el capítulo de

---

[79] Vid. A. E. Serie E, Cuadro 18.
[80] Vid. A. E. Serie E, Cuadro 19.

exportaciones. El algodón exportado, en su totalidad, tuvo los siguientes destinos (valor en libras):

Estados Unidos	Inglaterra	España	Otros	Total
205.425 10,93%	1.363.253 72,82%	21.000 1,11 %	284.300 15,14 %	1.878.978 100 %

En esta ocasión son Inglaterra y sus colonias las que acapararon las salidas de este artículo.

El examen serial de las exportaciones de algodón [81] hace que nos volvamos a encontrar con el fenómeno observado anteriormente, es decir que por un lado una parte de esta mercancía exportada, efectivamente sería producida en el territorio floridano, mientras otra mayor era en verdad únicamente trasbordada, con lo que de un modo claro asistimos de nuevo, al mismo tiempo, a las dos formas de dependencia que rigen el comercio de Florida. Para afirmarnos en ello nos basamos tanto en el hecho de que de 1803 a 1808 fuese exportado, años en los que el comercio norteamericano se vio libre de restricciones y que por tanto no le sería necesario utilizar el puerto de la Isla Amalia como intermediario, como en el alza tan considerable que se registra en las exportaciones de esta mercancía desde 1809 que parece hacernos ver que este algodón había sido previamente «importado», lo que por otra parte, en efecto, hemos podido comprobar en el apartado donde se analizaban las importaciones del mismo artículo (gráfica 9).

En cuanto al arroz, su distribución sería de la forma siguiente (valor en libras):

Estados Unidos	Inglaterra	España	Otros	Total
39.100 2,65 %	913.350 61,83 %	262.500 17,67 %	262.500 17,67 %	1.447.450 100 %

Nos encontramos con unas falsas «exportaciones» que, como vimos en el examen de las entradas de este mismo artículo, son producto de otras falsas «importaciones». Las series de exporta-

[81] Vid. A. E. Serie E, Cuadro 20.

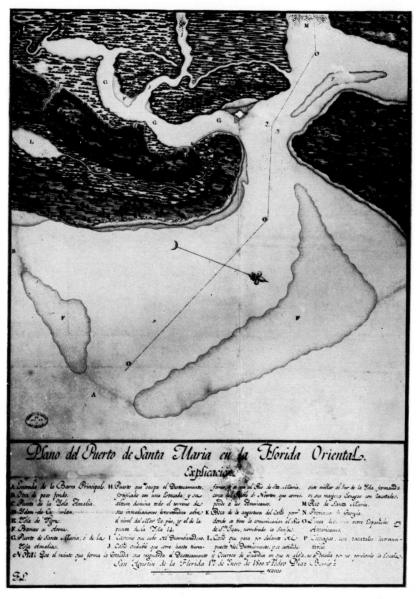

Plano del Puerto de Santa María en la Florida Oriental. A. G. I. Mapas y
planos. Luisiana y Florida, 213

ciones [82] nos hacen ver que éstas tienen lugar únicamente a partir de 1809, año por otro lado de máximas salidas del producto, con la significación que ello tiene y que ya hemos repetido en anteriores páginas.

Por fin, la harina se repartiría de esta manera (valor en barriles):

Estados Unidos	Inglaterra	España	Otros	Total
—	1.326 40,94 %	927 28,61 %	986 30,45 %	3.239 100 %

De nuevo asistimos al fenómeno analizado anteriormente. Baste decir que este era el producto más demandado en Florida para que nos expliquemos perfectamente que no tuviese ninguna posibilidad de ser exportado. El análisis serial [83] nos ofrece la misma casuística explicada más arriba.

En resumen, después de haber examinado los productos importados-exportados y su área espacial podemos llegar a una conclusión fundamental y esta es que la Isla Amalia aporta una nueva forma de dependencia en relación a Estados Unidos en el proceso comercial de Florida, aunque esa otra que vimos más visible en el realizado a través de San Agustín también esté presente en el caso de la Isla Amalia. En efecto, el comercio floridano —en la parte que corresponde a esta última aduana y como hemos analizado— se convierte en mero intermediario del estadounidense, hecho que le va a permitir a éste el continuar sus intercambios —sobre todo con Inglaterra, según se desprende en el análisis de las exportaciones del destino fundamental en los productos que a su vez se introdujeron los de Estados Unidos— muy dificultados por las circunstancias por las que atravesaba en esos años y ya suficientemente explicadas. En definitiva, este otro modo de dependencia comercial hace tan vinculante a Florida con los Estados Unidos como la que vimos sostenía por su puerto de San Agustín, puesto que en función de ella no sólo ya el comercio, sino el mismo

[82] Vid. A. E. Serie F, Cuadro 21.
[83] Vid. A. E. Serie F, Cuadro 22.

territorio era controlado por los intereses norteamericanos. Por ello además podemos señalar esta situación como causa trascendental en las relaciones de dependencia con respecto a Estados Unidos que marcaran la historia del territorio de Florida.

Trasbordo:

Aunque realmente, como hemos podido analizar en los dos apartados anteriores, en la Isla Amalia se comienza a hacer trasbordo de mercancías desde 1809, éste no adquiere legalidad hasta 1813, en que las autoridades españolas lo reconocen oficialmente. Por esto último y porque a partir de esos años se intensificará el volumen de mercancías trasbordadas, estudiamos en un nuevo apartado este punto (que volvemos a insistir es lo que da un garácter genuino al proceso de los intercambios realizado por la Isla Amalia). Sin embargo, no se debe, en el caso ahora analizado, hacer demasiados distingos entre importaciones-exportaciones-trasbordo, ya que —como hemos analizado anteriormente— a excepción de contadas ocasiones puede decirse que todas las mercancías comerciadas por este puerto fueron en realidad trasbordadas.

Por otro lado, tendremos que volver a repetir en este epígrafe que la documentación sólo nos permite cuantificar algunos productos, aunque desde luego servirán como muestra para hacernos comprender el papel específico —comercialmente hablando— ejercido por la Isla Amalia. Además de los artículos que podrán ser medidos, las fuentes utilizadas señalan que los norteamericanos trasbordaban todo tipo de víveres, más tabaco, algodón, arroz, maderas, arcos y duelas para barriles, artículos de labranza, etcétera; los ingleses: carbón, sal, acero, hierro, ron, azúcar, etcétera. Los rusos por su parte, tejidos, sal, pieles y licores; los cubanos, azúcar y ron; de Tenerife, vinos; de Suecia, quincallería y relojes; de Lisboa, pasas, aceites y vinos. Es decir, que en estos años el puerto de la Isla Amalia quedó convertido en una de las ferias mercantiles más importantes del continente americano.

Uno de los productos que analizaremos será el algodón (valor en libras):

Estados Unidos	Inglaterra	España	Otros	Total
464.850 3,66%	3.610.550 28,49%	154.175 1,25%	8.454.355 66,61%	12.683.930 100%

Fueron, pues, esos países que hemos englobado bajo el nombre genérico de «Otros», los que fundamentalmente trasbordaron este artículo. En realidad más que ello, lo que hicieron propiamente fue el recoger el que los norteamericanos anteriormente habrían depositado. Igualmente de estas cifras deducimos la importancia enorme del puerto de la Isla Amalia como lugar de paso de mercancías. Las cifras de algodón trasbordado en sólo los tres años superó con mucho los importados y exportados tanto por el puerto de San Agustín como el de la Isla Amalia a lo largo de todo el período de dominación española sobre Florida. Además parece indubitable que estas cifras aún debieron ser mayores, ya que necesariamente gran cantidad de esta mercancía sería trasbordada fraudulentamente.

Por otro lado, queda claro que al menos una parte de algodón comerciado por Estados Unidos en este lapso de tiempo en dirección a los mercados europeos lo fue desde los fondeaderos de la Isla Amalia [84]. El examen serial del problema nos hace ver que 1814 es la fecha en que se registra la mayor cantidad de este producto exportado [85].

En cuanto al arroz, otro de los artículos a los que nos podremos referir (valor en libras):

Estados Unidos	Inglaterra	España	Otros	Total
338.700 8,01%	290.340 6,86%	1.886.275 44,60%	1.713.815 40,53%	4.229.130 100%

En esta ocasión fue España y sus dominios (léase Cuba) el lugar al que correspondió trasbordar, por encima de los demás, este fruto. Ya hemos advertido que más que trasbordado este artículo fue en realidad sacado, ya que habría sido previamente depositado en el puerto por comerciantes norteamericanos [86].

[84] Vid. A. E. Serie F, Cuadro 23.
[85] A este respecto puede consultarse Daniels, G. W.: *American cotton trade with Liverpool under the Embargo and Non-Intercourse Act.* En «American Historical Review». Tomo XXI, núm. 237.
[86] Vid. A. E. Serie G, Cuadro 24.

El último producto que citaremos será harina (barriles):

Estados Unidos		Inglaterra		España		Otros		Total	
924	8,47%	584	5,34%	8.371	76,66%	1.040	9,53 %	10.919	100%

Es decir, correspondió a España y sus dominios (entre los que volvemos a repetir sobresale Cuba) sacar del puerto la harina previamente introducida por Norteamérica. Igualmente vuelve a presentarse 1814 como la fecha de máximo trasbordo [87].

VALORES COMERCIADOS Y ESPACIO ECONÓMICO.—Ya relatamos que desde 1803 a 1809 no contamos con los lugares por los que comerció este puerto; sin embargo, esta laguna documental no rompe las conclusiones a que podemos llegar con los datos sólo de 1809 a 1817.

Importaciones:

En el punto anteriormente analizado, mercancías-área espacial, destacábamos cómo las «importaciones» del puerto que nos ocupa eran falsas, tratándose en realidad de productos introducidos en el país para volver a ser exportados, cumpliendo la Isla Amalia un mero papel de intermediario. Ahora a la vista de las cifras siguientes es fácil ver que al igual que en San Agustín, pero con un sentido distinto, los Estados Unidos ocupan una preponderancia fundamental en las relaciones de valores «importados» (valor en pesos) (gráficas 10 y 11):

Estados Unidos		Inglaterra		España		Otros		Total	
448.164	78,82%	84.186	14,80%	14.220	2,51%	22.040	3,87%	568.610	100%

El examen serial de las importaciones [88] nos permite observar cómo la presencia de esta nación se ve restringida en una mínima parte —sólo durante dos años— por la participación en los valores importados de otras naciones, entre las que destaca Inglaterra;

---

[87] Vid. A. E. Serie G, Cuadro 25.
[88] Vid. A. E. Serie G, Cuadro 26.

esto es una casuística más de la principal característica señalada para este puerto: el trasbordo. Sin perjuicio de que entrasen mercancías para ser consumidas en el propio territorio de Florida, sobre todo las mercancías norteamericanas e inglesas llegarían a este puerto con el fin principal de volver a ser exportadas, como ya especificamos.

Por otro lado, la baja observada en los valores para los años 1812 y 1814 es perfectamente explicable. En la primera fecha la Isla Amalia sufrió diversos avatares políticos ya explicados y por otro lado 1814 se corresponde con el año de máximo comercio de trasbordo, por lo que el sistema de trasbordar productos, «importándolos» primero y «exportándolos» después se abandonaría prácticamente para utilizar aquel ya legalizado por la administración del territorio. Tampoco debe extrañarnos el que 1809 y 1810 fuesen las fechas de máximas «importaciones» por las razones analizadas anteriormente en el apartado productos-área espacial.

Exportaciones:

De la Isla Amalia entre 1809 y 1817 se «exportaron» productos por valor de 517.913 pesos, los cuales se distribuyeron del modo siguiente (valor en pesos) (gráficas 12 y 13):

Estados Unidos	Inglaterra	España	Otros	Total
108.265 20,90%	322.464 62,27%	64.517 12,45%	22.667 4,38%	517.913 100%

Las cifras nos enseñan que Inglaterra y sus posesiones acapararon fundamentalmente el valor de las mercancías salidas por el mencionado puerto. Ello es causa y efecto del papel realizado por el comercio efectuado a través de esta Aduana. En efecto, sí hemos observado cómo los norteamericanos eran los fundamentalmente responsables de las importaciones llegadas a Isla Amalia y ahora queda patente que Inglaterra se convertía en destino principal de las exportaciones podemos fácilmente llegar a decir que en realidad una parte importante del proceso de comercial efectuado por este puerto se reducía a un comercio disimulado Estados Unidos-Inglaterra —en el que la primera nación llevaría el peso principal de estos intercambios— actuando la Isla Amalia de intermediario en él, de intérlope, quedando sólo una pequeña cantidad de estos valores como realmente fruto de productos exportados del país. El planteamiento coyuntural de las exportaciones nos acerca más a las ideas expresadas [89]. Solamente desde 1815 a 1817, años en los que no existen ningún tipo de trabas fiscales para el comercio norteamericano, éste controla las exportaciones, mientras en los demás, de problemas jurídicos relacionados con su comercio, es Inglaterra la que lleva ese papel.

Trasbordo (valor en pesos) (gráfica 14):

Estados Unidos	Inglaterra	España	Otros	Total
652.000 33,11%	326.954 16,60%	191.577 9,72%	799.245 40,57%	1.969.776 100%

En esta ocasión esos países que hemos agrupado con el nombre genérico de «Otros», Rusia, Suecia, Francia, Holanda y Portugal, etcétera, mantuvieron la parte fundamental del valor de los trasbordos; es decir, que fueron los que principalmente recogieron las mercancías que previamente habrían sido depositadas, sobre todo por Norteamérica.

El monto de los valores trasbordados superior a todas las importaciones-exportaciones por el puerto de la Isla Amalia a lo largo de su historia, nos lleva a demostrar el papel de su comercio [90]. De tal grado fue el control de este puerto por los norteamericanos, que el pago de los impuestos fiscales sobre las mercancías comerciadas se hacía en papel moneda de los Estados Unidos —hecho totalmente prohibido por la legislación española que exigía se hiciera en metal precioso, naturalmente de curso legal español—. Cuando este sistema se intentó suprimir en 1814, motivó las más agrias protestas por parte no sólo de los norteamericanos, sino de los propios floridanos. En este sentido, pues, el citado puerto se había convertido en una sucursal mercantil de Charleston, Baltimore o cualquier plaza comercial estadounidense. Hecho por otro lado que haría pensar a los gobernantes norteamericanos que mien-

---

[89] Vid. A. E. Serie H, Cuadro 27.
[90] Vid. A. E. Serie H, Cuadro 28.

tras la Isla Amalia no fuese estadounidense, sus normas comerciales podían ser burladas reiteradamente por sus propios comerciantes. Evidentemente esta circunstancia estaría en sus mentes a la
hora de decidirse a apoderarse de la Florida española.

En definitiva, después de analizar los valores del tráfico y rela-
cionarlo con su área espacial llegamos a la misma conclusión ya
apuntada: el comercio realizado por la Isla Amalia es fundamentalmente de trasbordo, una vez camuflado de importaciones-
exportaciones y otra vez reconocido plenamente como tal. Las mismas fuentes de la época nos hacen ver que los contemporáneos
eran conscientes de la situación: «La Isla Amalia, situada en la
misma frontera a la boca del Río Santa María, ofrecía un puerto
seguro, cómodo y de fácil acceso, donde se depositaban las mercancías inglesas que traían los buques americanos excluidos de sus
puertos por la ley de Non-Intercourse y desde donde las introducían
después en los Estados Unidos con la mayor facilidad por los
mismos ciudadanos que acudían al efecto»[91]. En virtud de todo
ello, resultaría, en este caso concreto, improcedente analizar la balanza comercial para demostrar unos resultados comerciales.

En resumen, por el caso de la Isla Amalia, el comercio de Florida se nos muestra, igualmente que el de San Agustín —aunque
bajo otra forma—, totalmente controlado por los intereses norteamericanos, convirtiéndose por todo ello el proceso de los intercambios en el país, causa fundamental a la hora de configurar las
relaciones de dependencia que mantiene Florida, a lo largo de su
historia, con los Estados Unidos.

F) LA FINANCIACIÓN Y LOS HOMBRES DEL COMERCIO

1) *El situado como forma de financiación de las importaciones
en Florida*

Hemos analizado cómo Florida, sobre todo a través de su puerto de San Agustín, necesitó a lo largo de toda su historia de mer-

---

[91] Manuel López a Tadeo de Arribas. Isla Amalia, noviembre de 1815.
A. G. I. Cuba, 440.

cancías foráneas para cubrir las demandas de su sociedad. Al no existir en contrapartida las necesarias exportaciones para saldar el valor de aquéllas, obligadamente se debieron pagar en numerario. Por otro lado, como ha quedado claro, la mayor parte de los valores importados correspondieron a ventas de productos suministrados por Norteamérica. En función de todo ello, esta nación no sólo monopolizó el mercado interior floridano, sino que a su costa consiguió una buena cantidad de metales preciosos de los que tan necesitada se encontraba su hacienda, logrando, en definitiva, con todo lo que ello lleva implícito en la economía de un país, una significativa capitalización.

Este numerario con el que se afrontaron los pagos de las importaciones procedía del situado anual que el territorio recibía —remitido por Nueva España—, desde la Isla de Cuba, sin el cual hubiese sido completamente imposible satisfacer esos pagos, ya que aunque el sentido fundamental del situado era subsanar los pagos ocasionados por los militares y funcionarios civiles de la Provincia, el mismo hecho de ser el país un presidio militar influía necesariamente para que este situado fuera vital para la hacienda floridana.

Podemos decir sin miedo a equivocarnos que de no ser por el situado, la Hacienda de Florida hubiese estado sumida en una total bancarrota, ya que aparte de los impuestos sobre el comercio, las Cajas Reales de Florida no contaban con otros ramos impositivos. La comparación de los valores del situado con los ingresos totales de esas Cajas y su proporcionalidad, nos ayuda a captar perfectamente la importancia de aquél en el contexto económico de Florida [92].

Así, el Gobernador White escribía al Capitán General de Cuba: «Puedo asegurar a V. S. de que la felicidad de esta Provincia depende principalmente de que los situados estén corrientes y satisfechas las tropas y empleados de sus haberes, porque de este modo circula el dinero a los hacendados, artífices, tenderos y negociantes» [93].

---

[92] Cortes de Caja y estados de valores de la Tesorería de Florida. A. G. I. Cuba, 413. Vid. A. E. Cuadro 29.
[93] Enrique White a Someruelos. San Agustín, 5 enero 1810. A. G. I. Cuba, 1560.

En resumen, podemos decir que el situado, única fuente de monetario de la Hacienda Floridana, del país en suma, permitió toda esa serie de importaciones que sustentaron la pervivencia económica de Florida; situado del que en definitiva fueron receptores los Estados Unidos por su presencia mercantil en el territorio. El hecho era perfectamente conocido en el país: «No habiendo frutos, ni géneros coloniales, ni absolutamente fábrica, ni renglón alguno de industria para establecer una balanza recíproca y hacer activo el comercio, casi todo el poco numerario que circula va a pasar forzosamente a manos de nuestros proveedores los limítrofes anglo-americanos» [94]. Es decir, que la presencia norteamericana en este sentido sirvió para impedir que Florida pasase de una economía natural a una monetaria, ya que con su actividad mercantil consiguió descapitalizar el ya de por sí mermado país, para su propio provecho.

2) Los hombres del comercio en Florida: Planteamiento de la cuestión

No quisiéramos terminar este capítulo sin apuntar al menos el problema de analizar las personas que se encargaron del comercio en Florida. Sin embargo, nos encontramos con la ausencia prácticamente absoluta de fuentes para ello; por esto mismo queremos que se entiendan las palabras siguientes sólo como una muy ligera aproximación al tema referido del que nos limitaremos a aventurar algunas hipótesis que como tales son perfectamente discutibles, máxime cuando no tenemos una documentación que la respalde. Respecto a esta cuestión nuestra idea fundamental va dirigida a señalar que los norteamericanos, también en este sentido, controlaron de un modo notable el comercio de Florida.

A lo largo de su historia, Florida no conoció ningún organismo oficial, tipo Consulado, que regulara su comercio. Algo del todo punto lógico, puesto que el territorio no ofrecía perspectivas que hiciesen ver a las autoridades españolas la necesidad de ello.

---

[94] Coppinger al Superintendente de la Real Hacienda de Cuba. A. G. I. Cuba, 1876.

Los principales personajes del comercio de Florida eran en su mayor parte inmigrantes norteamericanos, llegados a Florida desde 1797. En efecto, nos ha bastado confrontar sus nombres con las listas oficiales de los inmigrados «nuevos pobladores» para ver que llegaron al país como tales. Sin embargo, éstos no parecían contar ni con capital ni con otros medios mercantiles adecuados como para que pensemos que eran ellos realmente los responsables del comercio de Florida. En este mismo sentido se decía de ellos: «Jamás entran en especulaciones contentándose con la compra y venta de los artículos más precisos..., para tener una idea de la esencia y entidad del comercio de esta Plaza, baste saber que el más rico de los comerciantes de ella, jamás arriesga en una negociación la suma de 4.000 a 6.000 pesos porque son poquísimos los que poseen esta cantidad» [95]. Evidentemente, en Florida, con el tipo de economía analizada, era muy difícil la acumulación de capital entre sus propios habitantes. A nuestro parecer éstos serían unos meros testaferros de casas mercantiles estadounidenses y su única función consistiría en dar su nombre y si acaso sus almacenes, por lo cual recibirían una comisión de aquéllas en consonancia con la cantidad mercantilizada, llevando en realidad el comercio esas firmas de Boston, New York o Charleston. Los comerciantes norteamericanos jugarían un papel de prestamistas ante la Hacienda de Florida, adelantándole sumas de dinero para sus compras, compras que por otro lado les harían a ellos mismos, sobre todo en momentos en que el situado llegase tarde o ni siquiera lo hiciese a las arcas de la tesorería floridana, situado que hemos visto se hacía indispensable para el pago de las importaciones. En definitiva, los norteamericanos se beneficiaron de la situación en la que estaba inmersa la Hacienda de Florida para aparecer ellos como únicos posibles proveedores del mercado de Florida; a este respecto se comentaba en el país: «Todas las dificultades comerciales nacen del ningún crédito que goza esta Real Hacienda, nadie quiere contratar con ella, porque es seguro el retardo de los pagos que originan grandes perjuicios en los tratos y contratos del comercio» [96].

---

[95] Coppinger al Superintendente de la Real Hacienda de Cuba. A. G. I. Cuba, 1876.
[96] Coppinger al Capitán General de Cuba. San Agustín, 20 de enero de 1819.

Estos mismos comerciantes norteamericanos capitalizarían la agricultura de los inmigrantes que se dedicaban al cultivo del algodón en tierras floridanas, algodón que sería sacado del país por ellos mismos.

Toda esta presencia estadounidense se desarrollaría aún más cuando el territorio fuese utilizado para salvaguardar sus intereses; es de suponer que todo el aparato mercantil tan extremadamente complejo, que por esos años rodea al país, en todas sus variantes sería llevado por firmas comerciales norteamericanas, las cuales, en definitiva, fueron las encargadas de trasponer, en un momento dado y por unas circunstancias especiales, una parte de su actuación a Florida.

Esperamos que nosotros mismos u otros investigadores tengamos la posibilidad de estudiar este problema con la profundidad necesaria para su esclarecimiento definitivo porque él se nos presenta como parte y factor fundamental a la hora de explicarnos las relaciones comerciales entre Florida y Estados Unidos. Quede, ahora, al menos, planteada la cuestión.

*   *   *

En conclusión, nos parece que a lo largo de las últimas páginas ha quedado suficientemente demostrada la dependencia que a causa del comercio se origina entre Florida y Estados Unidos. No sólo esta nación se convirtió en suministrador oficial de la gobernación, sino que lo utilizó para su comercio de una manera decidida, consiguiendo además lograr una significativa acumulación de capital en función de ello y el control de su ejecución. En virtud de ello se puede, perfectamente, decir que Norteamérica actuaba en la vida económica del país de un modo igual que la metrópoli con respecto a la colonia, es decir que en este sentido, las relaciones entre un país y otro adoptaban un modelo colonial, de

---

A. G. I. Cuba, 441. Incidiendo sobre la participación de comerciantes norteamericanos en el comercio de Florida, durante la primera etapa de dominio hispano del territorio J. Ventura en su artículo «Abastecimiento y poblamiento de Florida por la Real Compañía de La Habana» (citado), demuestra documentalmente este mismo hecho.

dependencia. El papel español en el territorio, al menos económicamente, había sido suplantado y la sola presencia militar y administrativa no iba a permitir que el pabellón hispano continuase ondeando en Florida.

CONCLUSIONES

La conclusión fundamental a la que hemos llegado después de la elaboración del presente trabajo es la confirmación definitiva de la hipótesis que en un principio nos planteamos: en efecto, Florida se nos muestra como un área marginal y dependiente y su historia entre 1783 y 1820 es un proceso continuo de relaciones de dependencia con respecto a los Estados Unidos. Al tiempo, hemos llegado a definir las causas que motivaron todo ello, causas que como se ha demostrado debemos poner en relación con los fenómenos geográficos, poblacionales y económicos que en Florida adquirieron un sentido muy específico y que originaron esa situación a que nos hemos referido.

Las consecuencias dieron como resultado un dominio «real» aunque no oficial del territorio por los estadounidenses, ya que lograron controlar prácticamente de un modo absoluto tanto su población como su economía, lo cual, en definitiva, condujo a la apropiación política del país por el gobierno de la Unión, mediante su compra a la Corona hispana, que en verdad se vio por estas mismas circunstancias inherentes al territorio, obligada a ello.

También podremos llegar a una serie de conclusiones particulares derivadas de las que a lo largo del texto hemos deducido de cada capítulo.

En primer lugar a una puramente metodológica. Ciertamente en la historia colonial parece obligado conocer la estructura poblacional y económica de determinados países —y no solamente los aspectos políticos e internacionales— para realmente explicarnos los móviles, bien de la independencia, bien de su integración en otra comunidad política. Aparte de esta idea nada original, pero que se muestra palpable en nuestro caso especial, y que sin embargo no ha sido tomada con demasiada cuenta por la historiografía de esta parte de la América española, otras dos se deducen de los problemas estudiados.

La que se nos muestra como más trascendente es la importancia que empieza a cobrar en la historia de América la joven nación estadounidense, apareciendo como la futura potencia del continente, que asumirá el papel mantenido hasta entonces por Inglaterra y España. Igualmente podremos decir que la política expansionista de Estados Unidos, en este caso, se fundamenta en su potencial humano y económico, factores éstos que servirán de cuerpo a esa idea del «destino manifiesto» que a su vez se apoyará en ellos para hacerse una realidad. Esto lo hemos visto palpable en nuestro estudio; como los norteamericanos impusieron en Florida tanto un determinado modelo demográfico y poblacional, con base en una política migratoria, que tenía muchos más caracteres estadounidenses que españoles como un específico régimen de explotación agrícola, con sus fundamentos en la situación económica general por la que en esos momentos atravesaba el país anglosajón y no en los caracteres tradicionales económicos de Florida. La misma realidad comercial de este último país ya hemos contemplado se movía mucho más en la esfera estadounidense que en la propiamente española.

Por último apuntamos, deducido del contenido de esta obra, que el caso de Florida queda perfectamente encuadrado dentro de la historia de la «frontera», y que en razón a las consideraciones expuestas más arriba, puede decirse que la pérdida por España de este territorio no fue tanto debida al descenso del poder español (que efectivamente fue un hecho) como a la presión ejercida por los Estados Unidos en los diferentes aspectos que hemos analizado.

APÉNDICE DOCUMENTAL

*Real Orden de 9 de junio de 1793 sobre comercio de Luisiana y
Florida. AGI, Cuba, 184.*

No siendo posible que los vecinos de la Luisiana puedan en las
actuales circunstancias hacer sus expediciones a los puertos de la
Francia habilitados para su comercio, según les estaba permitido
por Real Cédula de 22 de enero de 1782 y órdenes posteriores.
Y considerando S. M. que aquellos habitantes y los de Florida no
pueden subsistir sin que se proporcione salida a sus frutos y se
les facilite los medios de adquirir las producciones y efectos, que
necesitan para su consumo, con este fin y el de fomentar el comercio nacional, el de dicha Provincia y su agricultura, se ha de-
signado mandar que por ahora, y mientras no se formaliza un
Reglamento acomodado a su situación y circunstancias y al sistema
general de comercio de los demás dominios de América se prorro-
gue y amplíe interinamente la expresada Cédula y que se observe
lo contenido en los artículos siguientes:

I. Será permitido a los habitantes de las referidas provincias,
comerciar libremente en Europa y América con todas las naciones
amigas que tengan tratados de comercio con esta Corona; y podrán
hacer sus expediciones desde Nueva Orleáns y Pensacola y San
Agustín a cualquiera de los puertos de las dichas naciones y admitir las que desde ellos se les dirijan, pero con la sujeción de que
a su retorno o ida a Nueva Orleáns, Pensacola y San Agustín han
de hacer escala en el puerto de Corcubión de Galicia o en el de
Alicante, y tomar el pase que deberá dar el Juez de Arribas de
éste, o el Subdelegado de Marina de aquél, en calidad de tal Juez
de Arribadas, sin cuyo preciso documento no se admitirán las
embarcaciones en aquellos puertos.

II. Los géneros, frutos y efectos con que se haga este comercio directo entre esos colonos y las naciones extranjeras, pagarán 15 % de importación y 6 % de exportación, pero la introducción de negros será libre de derechos como hasta aquí y sólo pagarán el 6 % los frutos o plata que se extraigan para comprarlos con cuyo único objeto se permitirá la extracción de plata.

III. El comercio entre España y las expresadas colonias quedará al mismo tiempo libre y expedito; y S. M. mirará con especial benevolencia a los que de cualquier modo contribuyan a fomentarlo y a mantenerlo.

IV. Los españoles podrán hacer este comercio, desde los puertos habilitados para el de Indias, en embarcaciones que sean propias suyas, sin participación de extranjeros, con los correspondientes registros y patentes de navegación, en cuyo despacho se observarán por las Aduanas y Jueces de Arribadas, las formalidades prescritas en el Reglamento de 12 de octubre de 1778.

V. Y para remover de una vez el obstáculo principal que ha podido impedirlo hasta ahora, permite S. M. se introduzcan en los dichos puertos habilitados, cualesquiera géneros, frutos o efectos extranjeros, que vengan destinados a Luisiana y Floridas, aunque por otra parte esté prohibida su introducción, y que del mismo modo se pueda retornar de aquellas colonias el tabaco y cualquier otro artículo, cuyo comercio esté prohibido a los particulares, con tal que después se extraiga a Reinos extranjeros.

VI. Los referidos géneros, frutos o efectos prohibidos, cuya introducción se permita sólo para facilitar estas expediciones y sus retornos, se depositarán, si se desembarcasen en las Aduanas de los mismos puertos habilitados, y no saldrán de allí, sino para ponerse a bordo de las embarcaciones que los hubieran de llevar a su destino.

VII. A beneficio del mismo comercio y para fomentar la agricultura de dichas colonias, prohíbe S. M. la introducción de arroz extranjero en los puertos de España, e igual preferencia concederá a cualquier otro fruto que en ellas se cultive, siempre que pueda abastecer con comodidad al consumo de esta Península.

VIII. Los géneros, frutos y efectos que salgan de los puertos habilitados de España para este comercio serán libres de todo derecho de extracción, sean nacionales o extranjeros y los derechos que estos últimos hubiesen pagado a su introducción se devolverán íntegros a los cargadores.

IX. A la entrada de dicha colonia pagarán 3 % de los géneros, frutos y efectos extranjeros que vayan de dichos puertos habilitados pero los nacionales serán libres de todo derecho.

X. Tampoco se pagará derecho alguno de extracción para los efectos, frutos o plata que vayan de dichos puertos habilitados en los cuales serán igualmente libre de introducción.

XI. Serán asimismo libre de todo derecho las reextracciones de frutos, o efectos de dicha Provincia de los puertos de España para países extranjeros y la internación de los que se traigan tierra adentro para el consumo interior de esta Península.

XII. En la libertad de derechos concedidos a los referidos frutos y efectos, se entenderán comprendidos los arbitrios o derechos municipales que por su uso antiguo, privilegio o cualquier otro título se acostumbrasen cobrar en los puertos o lugares, donde entren o se consuman.

XIII. Para gozar de las exenciones que quedan declaradas en los cinco artículos que anteceden han de llevar las embarcaciones de ida, registro completo de su carga, formado por las respectivas Aduanas, con distinción de efectos nacionales y extranjeros; dejando ante los capitanes otorgada obligación y fianza de presentar dicho registro en el Puerto de su destino y traer certificación de haberlo cumplido. Igual registro deberán traer las embarcaciones de vuelta, con certificación de ser toda su carga de producciones de aquel país y a los frutos o efectos que se metieren tierra adentro deberá acompañar el correspondiente despacho dado por la Aduana del puerto por donde se hayan introducido.

XIV. Las embarcaciones propias de españoles que habiendo ido desde España a la Luisiana y Floridas y cumplido allí su registro quisiesen retornar frutos en derechura a los puertos extranjeros de Europa, podrán hacerlo pagando solamente el 3 % por los derechos de extracción.

XV. Como la gracia contenida en el artículo anterior se dirige a facilitar y hacer más ventajosa las expediciones que salgan de los puertos de España, se declara que nunca deberán gozar de ella las embarcaciones que sólo se ocupan en el comercio directo e inmediato de esa colonia con los países extranjeros.

XVI. Todas las embarcaciones propias de vasallos de S. M. que salgan de Nueva Orleáns, Pensacola y San Agustín para puertos extranjeros, han de llevar registro completo de su carga para presentarlo a los cónsules españoles residentes en ellos y cuando salgan de dichos puertos, han de sacar igual manifiesto firmado por el cónsul para presentarlo en los de las referidas Provincias, bien entendido que los que procedan en su primer viaje de los puertos de España, cuando se restituyan a ellos, han de presentar además del manifiesto de la carga que traigan el cumplido del registro con que salieron para cancelar su obligación.

XVII. Los puertos de Bilbao y San Sebastián que por estar situados en Provincias exentas se reputan como extranjeros, podrían en calidad de tales comerciar con esas colonias en uso de la libertad concedida en esta orden y pagando los derechos que por ella se imponen. Pero considerando cuánto importa estrechar y multiplicar las relaciones mercantiles de la Metrópoli con aquellas colonias y que el recargo de derechos haría inútil la libertad para dichos dos puertos y se concede a las expediciones que por ellos se hagan las mismas exenciones, gracias y franquicias que quedan declaradas para las de los puertos habilitados con sola esta diferencia, que las que se hagan desde Bilbao y San Sebastián han de hacer escala y tomar el pase en Santander para seguir después su viaje a dichas Provincias.

XVIII. A las embarcaciones procedentes de los puertos habilitados de esta Península, de los de Bilbao y San Sebastián o de los extranjeros que naveguen a Nueva Orleáns, Pensacola y San Agustín será prohibido tocar en puerto alguno de los dominios de S. M. en América, bajo las penas que prescriben las leyes; sobre cuya observancia estarán muy a la mía los respectivos Jefes.

XIX. Para precaver los inconvenientes que se podrán seguir si se abusa de las gracias que van dispensadas, quiere S. M. que no se haga desde Nueva Orleáns, Pensacola y San Agustín expedición alguna a las Islas y demás dominios españoles de América a no ser con causa muy grave, urgente y justificada, en cuyo solo caso dará el Gobernador respectivo la Licencia, pero sin permitir el embarque de otros efectos que de los frutos y producciones de dicha Provincia.

XX. S. M., dispensa por ahora a todos sus vasallos del derecho de extranjería, media annata y cualquier otro que deban pagar por las embarcaciones extranjeras que adquieran y destinen a este comercio, justificando ser suyas en absoluta y entera propiedad, según ordenanzas, ante los respectivos Jueces de Indias.

XXI. Para la justa exacción de los derechos que quedan señalados formará el Gobernador e Intendente de la Luisiana nuevos aranceles y los remitirá con la posible prontitud para la aprobación de S. M. recaudándose entretanto los citados derechos por los anteriores aranceles o por los avalúos que se juzguen más arreglados.

Todo lo cual participo a V. E. de su Real Orden para su inteligencia y cumplimiento y a fin de que se expida a los respectivos Gobernadores de la Luisiana y Floridas, las que son consiguientes, a que tenga su debido efecto esta soberana resolución.

Dios guarde a V. S. muchos. Aranjuez, 9 de junio de 1793. Diego Gardoqui.

AGI, Santo Domingo, 2587.

El Rey.

Por cuanto en virtud del artículo 5.º del tratado definitivo de paz concluido entre Nos y el Rey de la Gran Bretaña cambiado en Versalles a 19 de septiembre de 1783, volvió a mi Real Corona la Florida Oriental y tuve a bien nombrar al Brigadier de mis Reales Ejércitos Don Vicente Manuel de Céspedes para que pasase a posesionarse de ella en mi Real nombre confiriéndole a este efecto el gobierno de la Plaza de San Agustín y Comandancia General de la Florida Oriental a propuesta del Capitán General de ésta y la Florida Occidental Conde de Gálvez: Por tanto deseando ahora dar todas aquellas providencias que el nominado Gobernador ha solicitado en diferentes representaciones para acrecentar su población y comercio, y proporcionarla todo el lustre y opulencia de que es capaz; mandó que vistas y examinadas con la atención y escrupulosidad que requiere asunto de tanta consideración en Junta de Estado me propusiese los medios que juzgase más a propósito para el logro de mis Reales intenciones. Que habiéndose hecho presente mi Secretario de Estado y del Despacho Universal de Indias Don José de Gálvez lo acordado en la enunciada Junta conformándome con su dictamen he resuelto mandar expedir la presente Real Cédula e Instrucción que debe servir de regla para la especificada población y comercio de la Plaza de San Agustín y Provincia de la Florida Oriental comprehensiva de los artículos siguientes:

1.º Como por el referido artículo 5.º se estipuló que en el caso de no poder los ingleses dueños de posesiones en aquella Provincia desembarazarse de ellas en el término de dieciocho meses concedería yo prórrogas proporcionadas a este fin; sin embargo de que nuestro término se concluyó en 19 de Marzo del año próximo pasado, y de que el nominado gobernador fiado en la magnanimidad, y benignidad que es propia de mi Soberanía no ha apremiado a los vasallos de la Gran Bretaña a que desocupasen el país vendiendo o abandonando sus bienes raíces; todavía para dar una prueba de la conmiseración que me merecen los que por la suerte de la guerra tienen que mudar de domicilio, he venido en señalar dos meses de prórroga contados desde la publicación que se hará de ésta luego que llegue a la Florida Oriental para que los ingleses que aún no hubiesen vendido sus posesiones lo ejecuten precisamente en el término de ellos: en inteligencia que de lo contrario han de recaer en mi Real Corona, como recayeron en la Inglaterra las de mis vasallos por el tratado definitivo de París de 1763.

2.º Es mi soberana voluntad que a los católicos que actualmente residen en la Provincia y poseen tierras y solares con legítimos títulos se les conserve el dominio y ampare en la posesión; y por supuesto de que en la Plaza de San Agustín según su extensión pueden formarse doscientos ochenta solares de veintisiete varas de frente y cuarenta de fondo, dejando las cuatro calles de su longitud y las once de su latitud con ocho o diez varas de ancho, se procurará que conforme se vayan reedificando las casas se pongan en este orden; imponiendo la misma obligación a los que en lo sucesivo se den o compren solares.

3.º Algunos de los antiguos pobladores de la citada Provincia han solicitado el dominio y posesión de los bienes raíces que disfrutaron en ella hasta el año de 1763 que pasó a la dominación británica; y sin embargo de que es infundada su pretensión, teniendo presente la fidelidad que les condujo a desprenderse de ellos por seguir mis banderas, y no haber podido enagenarlos, haciéndose por consecuencia acreedores de la justa estimación que me merecen, mando a mi Gobernador y Comandante General de la enunciada Provincia que acreditando legítimamente los expresados antiguos pobladores o sus descendientes el dominio o posesión de sus respectivos territorios, siempre que no estén enagenados a otros, o se enagenaron en el término de los dos meses que concede por el artículo 1.º, pues en este caso se les han de dar otros equivalentes de los que estuvieren incorporados a mi Real Corona en perpetuo reconocimiento de su lealtad y amor.

4.º Todos los extranjeros de potencias y naciones amigas, que pretendan establecerse o que estén ya avecindados en la mencionada Provincia de la Florida Oriental, han de hacer constar por los medios correspondientes al gobierno de ella, que profesan la religión católica romana y sin esta circunstancia no se les permitirá domiciliarse, pero a mis vasallos de estos dominios y los de Indias no se les ha de obligar a esta justificación como que en ellos no puede recaer duda sobre este punto.

5.º Informado de que en la Plaza de San Agustín y sus inmediaciones residen algunos extranjeros que desean permanecer en ella unos; y otros trasladarse a la Provincia de la Luisiana y Florida Occidental con el fin de abrazar la Religión católica romana, he resuelto anhelando atraer estas almas al conocimiento de la verdadera fe de Jesucristo como principal objeto y obligación que he reconocido siempre en todas mis pacificaciones y poblaciones a imitación de mis gloriosos predecesores; dispensar cómo por el presente dispenso con lo dispuesto en el artículo anterior para con todos los que actualmente habitan en aquella Provincia y han solicitado quedarse, pero encargo muy estrechamente a mi gobernador y eclesiásticos de ella procedan en este particular con el pulso y madurez que exige su importancia, procurando investigar si la conversión es o no simulada, a cuyo fin fijarán el término que su prudencia juzgue suficiente a que se impongan en los dogmas de nuestra Santa Fe, durante el cual el eclesiástico encargado de su instrucción participará al gobierno lo que advirtiere digno de su noticia para que pueda resolver lo más conveniente en el supuesto de que sólo las personas legítimamente convertidas a impulso de su conciencia deben subsistir en la Provincia.

6.º Todos los extranjeros católicos que fueren admitidos en ella, conforme a lo prevenido en los dos antecedentes artículos, deberán prestar en manos de mi gobernador el juramento de fidelidad y vasallaje acostumbrado; ofreciendo cumplir y observar las leyes y ordenanzas generales de Indias a que están sujetos los españoles; y ejecutado les concederá gratuitamente en mi Real nombre y para siempre jamás las tierras de las pertenecientes a mi Real Corona, que les regulo y asigno por la regla siguiente:

7.º A cada persona blanca de ambos sexos se señalarán cuatro fanegas y dos séptimos de tierra; y la mitad por cada esclavo, negro o pardo que llevaren consigo los colonos, haciéndose el repartimiento con la mayor igualdad de modo que todos participen de lo bueno, mediano o ínfimo; y para que en adelante no se ofrezca duda se sentarán estos señalamientos en un libro Becerro de población dispuesto por orden cronológico, individualizando el nombre de cada colono, su patria, padres y abuelos en los que pudieren expresarlo, día de su admisión, número de individuos de su familia, y su calidad; dándoseles copias auténticas de sus respectivas partidas a fin de que les sirvan de títulos de pertenencia.

8.º Los negros y pardos libres que en calidad de colonos y cabezas de familias pasasen a establecerse a la referida Provincia tendrán la mitad del repartimiento que queda señalado a los blancos; y si llevaren esclavos propios se les aumentará a proporción de ellos y con igualdad a los amos, dando a éstos el documento justificativo como a los demás.

9.º Todas las familias que en clase de pobladores se presenten a mi gobernador y comandante general de la Florida Oriental, en el entretanto que se les construye habitación, y reparten tierras por el orden que queda precisado, serán alojadas y mantenidas de cuenta de mi Real Hacienda.

10.º Pasados los cinco primeros años del establecimiento de los colonos extranjeros en aquella Provincia; y obligándose entonces a permanecer perpetuamente en ella se les concederán todos los derechos y privilegios de naturalización, igualmente que a los hijos que hayan llevado o les hubiesen nacido en la misma Provincia para que sean admitidos de consiguiente en los empleos honoríficos de república y de la milicia según los talentos y circunstancias de cada uno.

11.º En ningún tiempo se impondrá la menor capitación o tributo personal sobre los colonos blancos, y sólo lo satisfarán por sus esclavos negros y pardos a razón de un peso anual por cada uno, después de diez años de hallarse establecidos en la Provincia, sin que jamás se aumente la cuota de este impuesto.

12.º Durante los cinco primeros años tendrán libertad los colonos españoles y extranjeros de volverse a sus patrias o antiguas residéncias y en este caso se les permitirá sacar de la Provincia los caudales y bienes que hubiesen llevado a ella sin pagar derechos algunos de extracción, pero de los que hubieren aumentado en el referido tiempo han de contribuir diez por ciento; bien entendido que los terrenos que se hubiesen señalado a los referidos colonos que voluntariamente dejasen la Provincia serán devueltos a mi Real Patrimonio para disponer de ellos en beneficio de otros, o como lo tuviere por conveniente.

13.º Concedo a los antiguos y nuevos colonos que muriesen en la Provincia sin herederos, la facultad de dejar sus bienes a sus parientes o amigos en cualquiera parte que estuvieren; y si estos sucesores quisieren establecerse en ella gozarán de los privilegios dados a su causante; mas si prefiriesen el sacar fuera la herencia podrán hacerlo pagando sobre la totalidad quince por ciento por derechos de extracción, siendo después de los cinco años de haberse establecido el colono testador; y si fuere antes de este término satisfarán sólo el diez conforme a lo prevenido en el artículo precedente. A los que muriesen sin testamento heredarán íntegramente sus padres, hermanos, parientes, aunque se hallen establecidos en países extranjeros, con tal que se domicilien en la Provincia siendo católicos; y en el caso de que no puedan, o no quieran avecindarse en ella, les permite que dispongan de sus herencias por venta, o cesión según las reglas prefinidas en los dos artículos que preceden.

14.º Igualmente concedo a todos los colonos hacendados de la Provincia que conforme a las leyes españolas puedan dejar por testamento u otra disposición los bienes raíces que tuvieren y no admitan cómoda división, a uno, o más de sus hijos, con tal que no se cause agravio a las legítimas de los otros ni a la viuda del testador.

15.º Cualquiera colono que por causa de algún pleito u otro motivo urgente y justo necesite pasar a España, a otras provincias de mis Indias, o a dominios extraños, pedirá licencia al gobernador y comandante general y podrá obtenerla con tal de que no sea para países enemigos, ni para llevarse sus bienes.

16.º Los colonos así españoles como extranjeros serán libres por tiempo de diez años de la paga de diezmos de los frutos que produjeran sus tierras; y cumplido dicho término (que ha de contarse desde 1.º de Enero de 1787) sólo satisfarán el dos y medio por ciento, que es el cuarto del diezmo.

17.º También serán libres por el primer decenio del Derecho Real de Alcabala en las ventas de sus frutos, y efectos comerciables; y después pagarán sólo un equivalente de dos y medio por ciento; pero cuanto embarcasen en vase españolas para estos reinos será exento permanente de todo derecho de extracción.

18.º Respecto de que todos los colonos deben estar armados aun en tiempo de paz, para contener a sus esclavos y resistir cualquiera invasión o correría de piratas, declaro que esta obligación no los debe constituir en la clase de Milicia reglada, y que la cumplirán con presentar sus armas cada dos meses en la revista que ha de pasar el gobernador u oficial que destine a este efecto; pero en tiempo de guerra o de alteración de esclavos deberán concurrir a la defensa de la Provincia según las disposiciones que tomare el jefe de ella.

19.º Las naves pertenecientes a los antiguos y nuevos colonos de cualquiera puerto y fábrica que sean han de llevarlas a la Provincia y matriculadas en ella con justificación de su propiedad se regularán por españolas, igualmente que las que adquiriesen del extranjero por compra, u otro legítimo título hasta fin del año de 1790, quedando todas libres del derecho de extranjería y habilitación. A los que quisieren fabricar embarcaciones en la misma Provincia se les franqueará el corte de las maderas necesarias por el gobierno, exceptuando sólo las que se reserven para la construcción de bajeles de mi Real Armada.

20.º El comercio e introducción de negros en la Provincia será totalmente libre de derechos perpetuamente; pero no podrán sacarse de ella para otros mis dominios de Indias sin mi Real permiso y la satisfacción de un seis por ciento a la introducción en ellos.

21.º Podrán los mismos colonos ir con licencias del gobierno, y sus embarcaciones propias o fletadas siendo Españolas a las islas amigas o neutrales en busca de negros, y llevan registrados para satisfacer el precio de ellos los frutos, efectos y caudales necesarios, contribuyendo el tres por ciento de extracción, cuyo derecho han de pagar también los tratantes que con permiso mío condujeren esclavos a la Provincia, además del que satisfarán a su entrada en ella, y de que liberte a los colonos con el objeto de fomentar su agricultura y comercio.

22.º El directo de España con los habitantes de la Florida Oriental y el que ellos hicieren de sus frutos permitidos con mis dominios de Indias será enteramente libre de todos los derechos por término de diez años contados desde 1.º de Enero de 1787; y cumplido este tiempo quedarán igualmente exentos, a la entrada en estos reinos de toda contribución los renglones que lo están por el Reglamento de Comercio Libre de 12 de Octubre de 1778, sin que se puedan recargar con otros gravámenes que los que pagaren las producciones de los demás dominios de mis Indias Occidentales.

23.º Así los géneros y mercaderías españolas y extranjeras, como los frutos y caldos de estos mis reinos que se registraren y condujeren a la expresada Provincia irán libres por el mismo término de diez años de todas las contribuciones y del propio modo se introducirán y expenderán en ella sin que se puedan sacar para los otros mis dominios de las Indias; y en el caso de permitirlo por alguna causa urgente y justa, será únicamente de los efectos españoles, pagando los derechos establecidos en el citado Reglamento de Libre Comercio.

24.º Para que de todos modos se consiga el fin que me he prometido de que logre rápidamente la Florida Oriental su mayor incremento y opulencia por medio de la población y comercio, permito por el tiempo de diez años contados desde principios de 1787, que las naves pertenecientes precisamente a los habitantes de ella, y a mis vasallos de España puedan hacer expediciones a la misma Provincia saliendo directamente con sus cargamentos desde los puertos de Francia donde residen mis cónsules y regresar también en derechura a ellos con los frutos y producciones de la misma Provincia, excepto dinero, cuya extracción prohíbo absolutamente por aquella vía; pero con la indispensable obligación de que mis cónsules formen un registro individual de todo lo que se embarque para que dándola firmada y sellada al capitán o maestre del bajel la presente al Ministerio de Real Hacienda de la Plaza de San Agustín o puerto de su destino, sacando antes los cónsules una copia que dirigirán a mi Secretario de Estado y del Despacho Universal de Indias para su debida noticia y providencias que convenga expedir a fin de averiguar el legítimo paradero y consumo de los efectos; y con la condición también de contribuir al tres por ciento a la entrada de los que se llevaren, y la misma cuota a la salida de los frutos que se retornaren a Francia, o cualesquiera otros puertos extranjeros sin tocar en alguno de los habilitados de España para el comercio de Indias.

25.º En el caso de urgente necesidad calificada por el gobernador y comandante general de la Provincia concedo a todos sus habitantes el mismo permiso contenido en el artículo anterior para que puedan recurrir a las islas francesas de Indias bajo la precisa obligación en este caso de que los capitanes o maestres de las naves formen exactas facturas de sus cargazones, y las entreguen a los Ministros Reales a fin de que hagan individual cotejo de ellas con los efectos que conduzcan, y expidan la contribución del cinco por ciento sobre sus corrientes valores en la Provincia.

26.º Con el justo objeto de animar a mis vasallos a que hagan este comercio desde los puertos habilitados de la Península, permito que puedan sacar y extraer libremente de San Agustín los frutos y géneros propios de España que hubiesen introducido y no puedan consumirse en la Florida Oriental para otros puertos habilitados de Indias, pagando en ellos los derechos que debieran haber satisfecho a su salida de estos reinos según lo prefinido en el Reglamento de 12 de Octubre de 1778, pero atendiendo a evitar los fraudes y no perjudicar al comercio en general, prohíbo que puedan extraerse géneros extranjeros porque su consumo y despacho ha de verificarse precisamente en la provincia referida.

27.º También concedo entera libertad de derechos a las duelas para barriles y pipas que se trajeren de aquella Provincia a estos reinos y por consecuencia mando que no se exija cantidad alguna por su extracción de ella, ni introducción en España.

28.º Mando a mi virrey, gobernador y capitán general de la Nueva España, Presidente de mi Real Audiencia de México y capitán general de la provincia de la Luisiana y Floridas Oriental y Occidental Conde de Gálvez; al gobernador y capitán general interino de la isla de Cuba Don José de Ezpeleta; y al intendente de ejército y Real Hacienda de ella Don Juan Ignacio de Urriza auxilien con toda eficacia al gobernador y comandante general de la mencionada Provincia de la Florida Oriental; y en el caso de ser necesario o conveniente para abastecer a sus antiguos y nuevos habitantes de lo más conducente a su manutención, industria y agricultura envíen los ganados vacuno, mular y caballar que se regularen precisos de cuenta de mi Real Hacienda; y encargo muy estrechamente la posible economía en su compra para que la experimenten los colonos a quienes se han de dar por el costo y costas, hasta que estableciendo cría de ellos tengan los suficientes para su abasto.

29.º El propio encargo hago para el abasto de harinas por tiempo de diez años; y si por algún accidente faltaren en la Provincia permitirá el gobierno a los moradores de ella que pasen a las islas extranjeras con sus naves u otras de vasallos míos a comprar las que necesitasen, llevando a este efecto los frutos equivalentes, y pagando a la salida de ellos un tres por ciento, e igual cantidad por las harinas que introdujeren.

30.º Asimismo mando que de las Fábricas de Vizcaya y demás de España se lleven a la Florida Oriental por el referido tiempo de diez años todos los útiles, e instrumentos necesarios a la agricultura para que se den a los antiguos y nuevos colonos por coste y costas; pero cumplido el decenio será del cargo de cada uno su adquisición; y si durante él faltaren por algún motivo y hubiere urgente necesidad se permitirá buscarlos en los puertos de mis dominios, o en los de las islas extranjeras amigas; mas en este último caso se exigirá el tres por ciento como queda establecido en el artículo anterior.

31.º También he dispuesto que pasen a la Florida sacerdotes de notoria literatura, ejemplar virtud, inteligentes y versados en los idiomas extranjeros para que sirvan de Párrocos a los nuevos colonos que lo son; y les he señalado, y señalaré competentes dotaciones a fin de que se mantengan con la decencia propia de su carácter sin necesidad de gravar a sus feligreses.

32.º Aspirando a dar a los jóvenes de la Florida Oriental toda aquella instrucción correspondiente a hacerlos felices y útiles a Dios, a Nos y a la Patria, he resuelto se establezca una escuela, o dos, pagadas de cuenta de mi Real Hacienda, en que se enseñe la lengua castellana y primeras letras bajo las reglas que he mandado formar, y dirección del Párroco, y demás eclesiásticos de la Provincia; y encargar como tengo encargado, y de nuevo encargo su protección al gobernador y comandante general de ella, a fin de que todos conspiren a la mejor educación de la juventud, fácil de inclinar a la virtud sólida y debida obediencia y sumisión a las leyes y magistrados.

33.º Permito a los antiguos y nuevos colonos, que por medio del gobernador de la Provincia me propongan la ordenanza que regularen más conveniente y oportuna para el trato de sus esclavos, y evitar la fuga de ellos; en inteligencia de que al mismo gobernador le prefino las reglas que debe observar sobre este punto y el de la restitución recíproca de negros fugitivos de mis dominios y de los extranjeros.

31.º Últimamente concedo a los antiguos y nuevos habitantes de la Provincia que cuando tengan motivos dignos de mi Real consideración, puedan dirigirme sus representaciones por medio del gobernador y de mi secretario de estado y del despacho universal de Indias; y en el caso de que los asuntos sean de tal calidad que necesiten enviar personas que los soliciten, me pedirán para ello y se lo concederé, si fuese justo.

Y para que tengan debido cumplimiento los Artículos contenidos en este Reglamento, dispenso todas las Leyes y disposiciones que sean contrarias a ellos; y mando a mi Consejo de las Indias, a las cancillerías y audiencias de ellas, virreyes, presidentes, capitanes y comandantes generales, gobernadores e intendentes, justicias ordinarias, ministros de mi Real Hacienda, y a mis cónsules en los puertos de Francia, que guarden, cumplan y ejecuten, hagan guardar, cumplir y ejecutar el Reglamento inserto en esta mi cédula. Dada en 5 de Abril de 1786.

APÉNDICE ESTADÍSTICO

CUADRO 1

VALOR TOTAL ANUAL (EN DOLARES) DE LAS EXPORTACIONES
DE ESTADOS UNIDOS DESDE 1791 A 1814

1791: 19.012.041	1803: 55.800.033
1792: 20.753.098	1804: 77.699.074
1793: 26.109.572	1805: 95.566.021
1794: 33.026.233	1806: 101.536.963
1795: 47.989.472	1807: 108.343.150
1796: 67.064.097	1808: 22.430.960
1797: 56.850.206	1809: 52.203.283
1798: 61.527.097	1810: 66.757.970
1799: 78.665.552	1811: 61.316.833
1800: 70.971.780	1812: 38.527.236
1801: 94.115.925	1813: 27.855.997
1802: 72.483.160	1814: 6.927.441

Fuente: PITKIN, Timothy: *A statistical view of the commerce of the United States.* New York, 1967, pp. 36-37.

DISTRIBUCIÓN POR PAÍSES DEL NÚMERO DE BUQUES
COMERCIANDO POR SAN AGUSTÍN

Cuadro 2

BUQUES ENTRADOS

Años	Estados Unidos	Inglaterra	España	Otros	Total
1794	20	—	—	—	20
1795	59	1	1	—	61
1796	22	—	—	—	22
1797	30	—	—	—	30
1798	43	1	1	—	45
1799	46	—	—	—	46
1800	35	—	—	—	20
1801	41	—	—	—	61
1802	48	—	—	—	22
1803	54	—	—	—	30
1804	24	—	—	—	45
1805	19	—	—	—	46
1806	15	—	1	—	35
1807	6	—	—	—	41
1808	9	1	9	—	48
1809	37	—	19	—	54

Años	Estados Unidos	Inglaterra	España	Otros	Total
1810	21	—	10	—	24
1811	28	—	9	1	19
1812	11	1	9	1	16
1813	15	1	8	—	6
1814	4	7	7	—	19
1815	26	3	19	—	48
1816	25	—	—	4	29
1817	31	—	7	—	38
1818	34	—	8	—	42
1819	43	3	5	2	53
1820	41	2	9	2	54

CUADRO 3

BUQUES SALIDOS

Años	Estados Unidos	Inglaterra	España	Otros	Total
1794	7	—	—	—	7
1795	12	—	—	—	12
1796	8	—	—	—	8
1797	14	—	—	—	14
1798	19	—	1	—	20
1799	41	—	—	—	41
1800	24	—	—	—	24
1801	30	—	—	—	30
1802	35	2	—	—	37
1803	34	—	—	—	34
1804	29	—	1	—	30
1805	26	—	1	—	27
1806	29	—	—	—	29
1807	24	—	—	—	24
1808	8	1	5	—	14

Años	Estados Unidos	Inglaterra	España	Otros	Total
1809	13	—	5	2	20
1810	18	7	5	2	32
1811	10	—	5	—	15
1812	10	2	5	—	17
1813	4	1	13	—	18
1814	3	1	7	1	12
1815	15	—	6	—	21
1816	14	1	4	—	19
1817	13	1	5	—	19
1818	13	3	—	—	16
1819	1	—	—	—	1
1820	—	—	—	—	—

CUADRO 4

BUQUES TRASBORDANDO

Años	Estados Unidos	Inglaterra	España	Otros	Total
1814	4	1	1	1	11
1815	1	1	1	—	3

CUADRO 5

RELACIÓN DE ARTÍCULOS IMPORTADOS POR SAN AGUSTÍN
EN LOS AÑOS 1810 Y 1811

Productos	AÑOS	
	1810	1811
Harina (barriles)	756	2.398
Arroz (barriles)	145	2.794

Productos	AÑOS	
	1810	1811
Maíz (bureles)	944	1.827
Menestras	18	198
Carne de puerco (barriles)	20	58
Carne de vaca (barriles)	5	30
Tocineta (libras)	4.338	610
Jamón (libras)	998	1.106
Manteca (libras)	13.151	15.517
Mantequilla (libras)	4.722	5.305
Pastas (libras)	1.331	179
Queso (libras)	4.404	3.002
Papas (bureles)	444	67
Cebollas (ristras)	5.585	8.730
Velas (libras)	9.891	8.371
Jabón (libras)	1.579	6.860
Pasas (libras)	—	139
Aceite (botijas)	—	106
Aguardiente de caña (pipas)... ...	143	146
Cerveza (barriles)	—	4
Sal (bureles)	388	548
Pescado salado (libras)	3.618	1.604
Azúcar quebrado (arrobas)	5.908	3.712
Azúcar blanco (arrobas)	—	1.054
Café (arrobas)	—	1.092
Té (libras)	—	253
Tabaco (arrobas)	1.866	1.974 (66)

PRODUCTOS COMERCIADOS Y ÁREA ESPACIAL
EN SAN AGUSTÍN. EXPORTACIONES

CUADRO 6

EXPORTACIÓN DE UNIDADES DE NARANJAS ANUALMENTE
Y DESTINO DE LAS MISMAS

DESTINOS

(Por unidades exportadas)

Años	Estados Unidos	Inglaterra	España	Otros	Total exportado
1794	48.000	—	—	—	48.000
	(100 %)				(100 %)
1795	96.400	—	—	—	96.400
	(100 %)				(100 %)
1796	62.200	—	—	—	62.200
	(100 %)				(100 %)
1797	108.500	—	—	—	108.500
	(100 %)				(100 %)
1798	130.150	—	—	—	130.150
	(100 %)				(100 %)
1799	74.300	—	—	—	74.300
	(100 %)				(100 %)
1800	111.400	—	—	—	111.400
	(100 %)				(100 %)

Años	Estados Unidos	Inglaterra	España	Otros	Total exportado
1801	172.000	—	—	—	172.000
	(100 %)				(100 %)
1802	151.350	—	—	—	151.350
	(100 %)				(100 %)
1803	121.100	—	—	—	121.100
	(100 %)				(100 %)
1804	86.700	—	—	—	86.700
	(100 %)				(100 %)
1805	172.500	—	—	—	172.500
	(100 %)				(100 %)
1806	123.000	—	—	—	123.000
	(100 %)				(100 %)
1807	197.800	—	—	—	197.800
	(100 %)				(100 %)
1808	12.000	—	—	—	12.000
	(100 %)				(100 %)
1809	201.000	—	—	—	201.000
	(100 %)				(100 %)
1810	240.000	—	—	—	240.000
	(100 %)				(100 %)
1811	106.000	—	—	—	106.000
	(100 %)				(100 %)
1812	97.000	—	—	—	97.000
	(100 %)				(100 %)
1813	10.500	—	—	—	10.500
	(100 %)				(100 %)
1814	—	—	—	—	—
1815	—	—	—	—	—
1816	—	—	—	—	—
1817	—	—	—	—	—
1818	—	—	—	—	—
1819	—	—	—	—	—
1820	—	—	—	—	—

CUADRO 7

EXPORTACIÓN DE GALONES DE ZUMOS DE NARANJAS
Y DESTINOS DE LOS MISMOS

DESTINOS

(Por galones exportados)

Años	Estados Unidos	Inglaterra	España	Otros	Total exportado
1794	—	—	—	—	—
1795	—	—	—	—	—
1796	—	—	—	—	—
1797	500	—	—	—	500
	(100 %)				(100 %)
1798	207	—	—	—	207
	(100 %)				(100 %)
1799	1.620	—	—	—	1.620
	(100 %)				(100 %)
1800	1.100	—	—	—	1.100
	(100 %)				(100 %)
1801	100	—	—	—	100
	(100 %)				(100 %)
1802	1.050	—	—	—	1.050
	(100 %)				(100 %)
1803	2.903	—	—	—	2.903
	(100 %)				(100 %)
1804	4.526	—	—	—	4.526
	(100 %)				(100 %)
1805	2.692	—	—	—	2.692
	(100 %)				(100 %)
1806	1.360	—	—	—	1.360
	(100 %)				(100 %)
1807	6.258	—	—	—	6.258
	(100 %)				(100 %)
1808	230	—	—	—	230
	(100 %)				(100 %)

Años	Estados Unidos	Inglaterra	España	Otros	Total exportado
1809	50	—	—	—	50
	(100 %)				(100 %)
1810	2.420	—	—	—	2.420
	(100 %)				(100 %)
1811	1.450	—	—	—	1.450
	(100 %)				(100 %)
1812	240	—	—	—	240
	(100 %)				(100 %)
1813	—	—	—	—	—
1814	—	—	—	—	—
1815	—	—	—	—	—
1816	—	—	—	—	—
1817	—	—	—	—	—
1818	—	—	—	—	—
1819	—	—	—	—	—
1820	—	—	—	—	—

CUADRO 8

EXPORTACIÓN DE LIBRAS DE ALGODÓN ANUALMENTE
Y DESTINOS DE LAS MISMAS

DESTINOS

(Por libras exportadas)

Años	Estados Unidos	Inglaterra	España	Otros	Total exportado
1794	5.980	—	—	—	5.980
	(100,00 %)				(100,00 %)
1795	7.600	—	—	—	7.600
	(100,00 %)				(100,00 %)
1796	1.000	—	—	—	1.000
	(100,00 %)				(100,00 %)
1797	—	—	—	—	—

Años	Estados Unidos	Inglaterra	España	Otros	Total exportado
1798	7.735	—	—	—	7.735
	(100,00 %)				(100,00 %)
1799	22.750	—	—	—	22.750
	(100,00 %)				(100,00 %)
1800	40.216	—	—	—	40.216
	(100,00 %)				(100,00 %)
1801	12.057	—	—	—	12.057
	(100,00 %)				(100,00 %)
1802	70.162	—	—	—	70.162
	(100,00 %)				(100,00 %)
1803	12.810	—	—	—	12.810
	(100,00 %)				(100,00 %)
1804	17.750	—	—	—	17.750
	(100,00 %)				(100,00 %)
1805	3.452	—	—	—	3.452
	(100,00 %)				(100,00 %)
1806	15.015	—	—	—	15.015
	(100,00 %)				(100,00 %)
1807	10.050	—	—	—	10.050
	(100,00 %)				(100,00 %)
1808	33.980	—	—	—	33.980
	(100,00 %)				(100,00 %)
1809	46.400	—	—	—	46.400
	(100,00 %)				(100,00 %)
1810	15.850	33.400	—	—	48.950
	(32,77 %)	(67,23 %)			(100 %)
1811	10.600	2.500	—	—	13.100
	(80,91 %)	(19,09 %)			(100 %)
1812	12.000	—	—	—	12.000
	(100,00 %)				(100,00 %)
1813	—	8.750	—	—	8.750
		(100,00 %)			(100 %)
1814	7.857	6.970	—	—	14.827
	(52,99 %)	(47,01 %)			(100 %)
1815	—	—	—	—	—

Años	Estados Unidos	Inglaterra	España	Otros	Total exportado
1816	—	—	—	—	—
1817	—	—	—	—	—
1818	—	—	—	—	—
1819	—	—	—	—	—
1820	—	—	—	—	—

CUADRO 9

EXPORTACIÓN DE LIBRAS DE ARROZ ANUALMENTE
Y DESTINO DE LAS MISMAS

DESTINOS

(Por libras exportadas)

Años	Estados Unidos	Inglaterra	España	Otros	Total exportado
1794	—	—	—	—	—
1795	—	—	—	—	—
1796	—	—	—	—	—
1797	—	—	—	—	—
1798	—	—	—	—	—
1799	—	—	—	—	—
1800	—	—	—	—	—
1801	—	—	—	—	—
1802	—	—	—	—	—
1803	—	—	—	—	—
1804	—	—	—	—	—
1805	—	—	—	—	—
1806	—	—	—	—	—
1807	—	—	—	—	—
1808	—	—	—	—	—
1809	—	—	2.000 (100 %)	—	2.000 (100 %)
1810	—	30.050 (38,55 %)	—	47.900 (61,45) %	77.950

Años	Estados Unidos	Inglaterra	España	Otros	Total exportado
1811	—	—	11.400 (63,98 %)	6.500 (36,32) %	17.900 (100 %)
1812	—	—	—	—	—
1813	—	—	229.306 (100 %)	—	229.306 (100 %)
1814	—	—	31.030 (100 %)	—	31.030 (100 %)
1815	—	—	—	—	—
1816	—	—	—	—	—
1817	—	—	—	—	—
1818	—	—	—	—	—
1819	—	—	—	—	—
1820	—	—	—	—	—

VALORES COMERCIADOS Y ESPACIO ECONÓMICO
EN SAN AGUSTÍN

CUADRO 10

VALOR DE LAS IMPORTACIONES ANUALES Y ESPACIO ECONÓMICO

(En miles de pesos)

Años	Estados Unidos	Inglaterra	España	Otros	Total
1794	39.813	—	—	—	39.813
	(100 %)				(100 %)
1795	66.593	2.180	867	—	69.640
	(95,62 %)	(3,14 %)	(1,24 %)		(100 %)
1796	56.153	—	—	—	56.153
	(100 %)				(100 %)
1797	57.913	—	—	—	57.913
	(100 %)				(100 %)
1798	56.806	—	—	—	56.806
	(100 %)				(100 %)
1799	83.226	—	—	—	83.226
	(100 %)				(100 %)
1800	45.740	—	—	—	45.740
	(100 %)				(100 %)
1801	35.453	—	—	—	35.453
	(100 %)				(100 %)

Años	Estados Unidos	Inglaterra	España	Otros	Total
1802	61.493	—	—	—	61.493
	(100 %)				(100 %)
1803	56.606	—	—	—	56.606
	(100 %)				(100 %)
1804	20.786	—	—	—	20.786
	(100 %)				(100 %)
1805	30.393	—	—	—	30.393
	(100 %)				(100 %)
1806	26.113	—	—	—	26.113
	(100 %)				(100 %)
1807	10.033	—	—	—	10.033
	(100 %)				(100 %)
1808	9.466	—	1.394	—	10.860
	(87,16 %)		(12,84 %)		(100 %)
1809	26.980	1.066	567	—	28.613
	(94,29 %)	(3,73 %)	(1,98 %)		(100 %)
1810	48.766	—	1.920	—	50.686
	(96,23 %)		(3,77 %)		(100 %)
1811	30.440	240	1.633	—	32.313
	(94,20 %)	(0,75 %)	(5,05 %)		(100 %)
1812	8.473	800	987	2.700	12.960
	(65,38 %)	(6,17 %)	(7,61 %)	(20,84 %)	(100 %)
1813	17.080	746	1.440	—	19.266
	(88,66 %)	(3,87 %)	(7,47 %)		(100 %)
1814	8.373	4.773	1.114	4.066	18.326
	(45,69 %)	(26,05 %)	(6,08 %)	(22,19 %)	(100 %)
1815	26.053	10.620	2.480	—	39.153
	(66,54 %)	(27,12 %)	(6,34 %)		(100 %)
1816	30.953	—	853	—	31.806
	(97,31 %)		(2,69 %)		(100 %)
1817	32.800	—	3.520	—	36.320
	(90,31 %)		(9,69 %)		(100 %)
1818	19.460	—	733	—	20.193
	(96,37 %)		(3,63 %)		(100 %)
1819	—	—	—	—	—
1820	—	—	—	—	—

Cuadro 11

VALOR DE LAS EXPORTACIONES ANUALES Y ESPACIO ECONÓMICO

(En miles de pesos)

Años	Estados Unidos	Inglaterra	España	Otros	Total
1794	1.316	—	—	—	1.316
	(100 %)				(100 %)
1795	3.100	—	—	—	3.100
	(100 %)				(100 %)
1796	1.600	—	—	—	1.600
	(100 %)				(100 %)
1797	4.266	—	—	—	4.266
	(100 %)				(100 %)
1798	3.216	—	67	—	3.283
	(97,96 %)		(2,04 %)		(100 %)
1799	80.050	—	—	—	80.050
	(100 %)				(100 %)
1800	5.633	—	—	—	5.633
	(100 %)				(100 %)
1801	6.066	—	—	—	6.066
	(100 %)				(100 %)
1802	21.600	133	—	—	21.733
	(99,39 %)	(0,61 %)			(100 %)
1803	9.533	—	—	—	9.533
	(100 %)				(100 %)
1804	8.033	—	10.217	—	18.250
	(44,02 %)		(55,98 %)		(100 %)
1805	5.466	—	—	—	5.466
	(100 %)				(100 %)
1806	7.900	—	—	—	7.900
	(100 %)				(100 %)
1807	6.950	—	—	—	6.950
	(100 %)				(100 %)
1808	4.666	633	84	—	5.383
	(86,69 %)	(11,75 %)	(1,56 %)		(100 %)

IV. — 12

Años	Estados Unidos	Inglaterra	España	Otros	Total
1809	6.700	—	3.233	2.067	12.000
	(55,83 %)		(26,94 %)	(17,23 %)	(100 %)
1810	2.050	10.350	1.083	3.833	17.316
	(11,84 %)	(59,77 %)	(6,25 %)	(22,14 %)	(100 %)
1811	4.183	—	2.450	—	6.633
	(63,06 %)		(36,94 %)		(100 %)
1812	5.683	1.117	2.133	—	8.933
	(63,61 %)	(12,51 %)	(23,88 %)		(100 %)
1813	1.016	1.301	5.866	—	8.183
	(12,42 %)	(15,89 %)	(71,69 %)		(100 %)
1814	583	1.084	4.766	—	6.433
	(9,06 %)	(16,86 %)	(74,08 %)		(100 %)
1815	4.134	—	7.366	—	11.500
	(35,94 %)		(64,06 %)		(100 %)
1816	5.700	716	3.450	—	9.866
	(57,78 %)	(7,25 %)	(34,97 %)		(100 %)
1817	3.767	583	1.916	—	6.266
	(9,30 %)	(60,12 %)	(30,58 %)		(100 %)
1818	2.783	1.900	—	—	4.683
	(59,43 %)	(40,57 %)			(100 %)
1819	—	—	—	—	—
1820	—	—	—	—	—

CUADRO 12

VALORES DEL TRASBORDO ANUALMENTE Y ESPACIO ECONÓMICO
(En miles de pesos)

Años	Estados Unidos	Inglaterra	España	Otros	Total
1813	—	—	—	—	—
1814	22.288	48.155	1.555	—	73.998
	(32,82 %)	(65,08 %)	(2,10 %)		(100 %)
1815	19.866	—	955	466	21.287
	(93,33 %)		(4,48 %)	(2,19 %)	(100 %)

Cuadro 13

BALANZA COMERCIAL ANUAL DE SAN AGUSTÍN

(Valor en miles de pesos)

Años	Saldo
1794	— 38.497
1795	— 66.540
1796	— 54.553
1797	— 53.647
1798	— 53.523
1799	— 3.176
1800	— 40.107
1801	— 29.387
1802	— 39.760
1803	— 47.076
1804	— 2.536
1805	— 24.927
1806	— 18.213
1807	— 3.083
1808	— 5.477
1809	— 16.613
1810	— 33.370
1811	— 25.680
1812	— 4.027
1813	— 11.083
1814	— 11.893
1815	— 27.653
1816	— 21.940
1817	— 30.054
1818	— 15.510
1819	—
1820	—

SERIE D

DISTRIBUCIÓN POR PAÍSES DEL NÚMERO DE BUQUES COMERCIANDO POR LA ISLA AMALIA

CUADRO 14

DISTRIBUCION ANUAL, POR PAÍSES, DEL NÚMERO DE BUQUES ENTRADOS

Años	Estados Unidos	Inglaterra	España	Otros	Total
1809	129	6	3	—	138
1810	182	11	2	3	198
1811	42	26	1	3	72
1812	12	18	2	—	32
1813	74	4	5	1	84
1814	108	2	25	7	142
1815	66	7	17	2	92
1816	24	6	2	—	32
1817	10	2	2	—	14

CUADRO 15

DISTRIBUCIÓN ANUAL, POR PAÍSES, DEL NÚMERO DE BUQUES
SALIDOS

Años	Estados Unidos	Inglaterra	España	Otros
1809	18	72	3	8
1810	18	139	2	—
1811	9	58	4	1
1812	2	20	4	—
1813	28	4	7	4
1814	19	5	21	12
1815	21	5	11	1
1816	35	5	1	1
1817	19	4	5	5

CUADRO 16

DISTRIBUCIÓN ANUAL, POS PAÍSES, DEL NÚMERO DE BUQUES
TRASBORDANDO

Años	Estados Unidos	Inglaterra	España	Otros
1813	20	2	4	8
1814	109	61	117	135
1815	49	1	23	36

PRODUCTOS COMERCIADOS Y ÁREA ESPACIAL
EN LA ISLA AMALIA. IMPORTACIONES

Cuadro 17

IMPORTACIONES ANUALES DE LIBRAS DE ALGODÓN
Y SU ÁREA ESPACIAL

ORIGEN

(Por libras importadas)

Años	Estados Unidos	Inglaterra	España	Otros	Total importado
1803	—	—	—	—	—
1804	—	—	—	—	—
1805	—	—	—	—	—
1806	—	—	—	—	—
1807	—	—	—	—	—
1808	—	—	—	—	—
1809	548.822	—	—	—	548.822
	(100 %)				(100 %)
1810	660.750	—	—	—	660.750
	(100 %)				(100 %)
1811	180.104	—	—	—	180.104
	(100 %)				(100 %)
1812	71.950	—	—	—	71.950
	(100 %)				(100 %)

Años	Estados Unidos	Inglaterra	España	Otros	Total importado
1813	119.712	—	—	—	119.712
	(100 %)				(100 %)
1814	256.000	—	—	—	256.000
	(100 %)				(100 %)
1815	53.000	—	—	—	53.000
	(100 %)				(100 %)
1816	—	—	—	—	—
1817	—	—	—	—	—

CUADRO 18

IMPORTACIONES ANUALES DE LIBRAS DE ARROZ
Y SU AREA ESPACIAL

ORIGEN

(Por libras importadas)

Años	Estados Unidos	Inglaterra	España	Otros	Total importado
1803	—	—	—	—	—
1804	—	—	—	—	—
1805	—	—	—	—	—
1806	—	—	—	—	—
1807	—	—	—	—	—
1808	—	—	—	—	—
1809	851.967	—	—	—	881.967
	(100 %)				(100 %)
1810	349.980	—	—	—	349.980
	(100 %)				(100 %)
1811	2.000	—	—	—	2.000
	(100 %)				(100 %)
1812	31.750	—	—	—	31.750
	(100 %)				(100 %)

Años	Estados Unidos	Inglaterra	España	Otros	Total importado
1813	225.910	—	—	—	225.910
	(100 %)				(100 %)
1814	50.000	—	—	—	50.000
	(100 %)				(100 %)
1815	107.750	—	—	—	107.750
	(100 %)				(100 %)
1816	—	—	—	—	—
1817	—	—	—	—	—

CUADRO 19

IMPORTACIONES ANUALES DE BARRILES DE HARINA
Y SU AREA ESPACIAL

ORIGEN

(Por barriles importados)

Años	Estados Unidos	Inglaterra	España	Otros	Total importado
1803	24	—	—	—	24
	(100 %)				(100 %)
1804	21	—	—	—	21
	(100 %)				(100 %)
1805	14	—	—	—	14
	(100 %)				(100 %)
1806	16	—	—	—	16
	(100 %)				(100 %)
1807	18	—	—	—	18
	(100 %)				(100 %)
1808	201	—	—	—	201
	(100 %)				(100 %)
1809	1.317	—	300	—	1.617
	(81,45 %)		(18,55 %)		(100 %)
1810	769	—	—	—	769
	(100 %)				(100 %)

Años	Estados Unidos	Inglaterra	España	Otros	Total importado
1811	822	—	—	—	822
					(100 %)
1812	49	—	—	—	49
					(100 %)
1813	2.139	—	—	—	2.139
					(100 %)
1814	1.086	—	79	—	1.165
	(93,22 %)		(6,78 %)		(100 %)
1815	529	—	—	—	529
	(100 %)				(100 %)
1816	—	—			
1817	—	—			

SERIE F

PRODUCTOS COMERCIADOS POR LA ISLA AMALIA Y ÁREA ESPACIAL. EXPORTACIONES

CUADRO 20

EXPORTACIÓN ANUAL DE LIBRAS DE ALGODÓN Y DESTINO
DE LAS MISMAS

DESTINO

(Por libras exportadas)

Años	Estados Unidos	Inglaterra	España	Otros	Total exportado
1804	(No se cita en la documentación)				63.385
1805	(No se cita en la documentación)				67.000
1806	(No se cita en la documentación)				66.605
1807	(No se cita en la documentación)				65.010
1808	(No se cita en la documentación)				75.950
1809	5.000	893.994	—	11.210	910.204
	(0,54 %)	(98,22 %)		(1,24 %)	(100 %)
1810	16.215	350.210	—	1.200	367.615
	(4,41 %)	(95,27 %)		(0,32 %)	(100 %)
1811	114.000	49.800	—	—	163.800
	(69,60 %)	(30,40 %)			(100 %)
1812	20.000	10.000	—	—	30.000
	(66,66 %)	(33,34 %)			(100 %)

Años	Estados Unidos	Inglaterra	España	Otros	Total exportado
1813	10.750	39.649	21.000	220.750	292.149
	(3,68 %)	(13,57 %)	(0,07 %)	(75,66 %)	(100 %)
1814	—	40.000	—	54.750	94.750
		(42,21 %)		(57,79 %)	(100 %)
1815	20.460	—	—	—	20.460
	(100 %)		—	—	(100 %)
1816	—	—	—	—	—
1817	—	—	—	—	—
1818	—	—	—	—	—

CUADRO 21

EXPORTACIÓN ANUAL DE LIBRAS DE ARROZ Y DESTINO
DE LAS MISMAS

DESTINO

(Por libras exportadas)

Años	Estados Unidos	Inglaterra	España	Otros	Total exportado
1803	—	—	—	—	—
1804	—	—	—	—	—
1805	—	—	—	—	—
1806	—	—	—	—	—
1807	—	—	—	—	—
1808	—	—	—	—	—
1809	—	326.750	14.000	3.000	360.750
		(90,58 %)	(3,88 %)	(0,84 %)	(100 %)
1810	—	569.500	10.500	53.000	633.000
		(89,97 %)	(1,65 %)	(8,38 %)	(100 %)
1811	—	—	5.000	151.000	156.000
			(3,20 %)	(96,80 %)	(100 %)
1812	3.600	12.600	—	—	16.200
	(22,22 %)	(77,78 %)			(100 %)
1813	25.500	152.000	—	—	177.500
	(14,37 %)	(85,63 %)			(100 %)

Años	Estados Unidos	Inglaterra	España	Otros	Total exportado
1814	—	—	80.000 (100 %)	—	80.000 (100 %)
1815	10.000 (18,52 %)	5.000 (9,26 %)	1.500 (2,77 %)	37.500 (69,46 %)	54.000 (100 %)
1816	—	—	—	—	—
1817	—	—	—	—	—

CUADRO 22

EXPORTACIÓN ANUAL DE BARRILES DE HARINA Y DESTINO DE LOS MISMOS

DESTINO

(Por barriles exportados)

Años	Estados Unidos	Inglaterra	España	Otros	Total exportado
1803	—	—	—	—	—
1804	—	—	—	—	—
1805	—	—	—	—	—
1806	—	—	—	—	—
1807	—	—	—	—	—
1808	—	—	—	—	—
1809	—	940 (86,56 %)	10 (0,92 %)	136 (12,52 %)	1.086 (100 %)
1810	—	355 (100 %)	—	—	355 (100 %)
1811	—	845 (89,42 %)	100 (10,58 %)	—	945 (100 %)
1812	—	—	—	5 (100 %)	5 (100 %)
1813	—	—	—	635 (100 %)	635 (100 %)

Años	Estados Unidos	Inglaterra	España	Otros	Total exportado
1814	—	—	—	162	162
				(100 %)	(100 %)
1815	—	31	20	—	51
		(60,78 %)	(39,22 %)		(100 %)
1816	—	—	—	—	—
1817	—	—	—	—	—

PRODUCTOS COMERCIADOS POR LA ISLA AMALIA Y AREA
ESPACIAL. TRASBORDO

Cuadro 23

TRASBORDO ANUAL DE ALGODON Y AREA ESPACIAL

TRASBORDO

(Por libras trasbordadas)

Años	Estados Unidos	Inglaterra	España	Otros	Total trasbordado
1813	(No	se cita en la	documentación)		362.000
1814	14.500	2.770.200	143.995	8.121.550	11.050.175
	(0,14 %)	(25,07 %)	(1,30 %)	(73,49 %)	(100 %)
1815	267.700	471.850	—	894.705	1.633.755
	(16,38 %)	(28,88 %)		(54,73 %)	(100 %)

CUADRO 24

TRASBORDO ANUAL DE LIBRAS DE ARROZ Y AREA ESPACIAL

TRASBORDO

(Por libras trasbordadas)

Años	Estados Unidos	Inglaterra	España	Otros	Total trasbordado
1813	(No se cita en la documentación)				256.000
1814	—	345.790	1.874.775	1.551.315	3.771.880
		(9,16 %)	(49,70 %)	(41,14 %)	(100 %)
1815	283.000	—	11.750	162.500	457.250
	(61,89 %)		(2,56 %)	(35,55 %)	(100 %)

CUADRO 25

TRASBORDO ANUAL DE BARRILES DE HARINA Y AREA ESPACIAL

TRASBORDO

(Por barriles trasbordados)

Años	Estados Unidos	Inglaterra	España	Otros	Total trasbordado
1813	—	(No se cita en la documentación)			320
1814	421	231	9.178	353	10.183
	(4,13 %)	(2,26 %)	(90,15 %)	(3,46 %)	(100 %)
1815	503	—	173	60	736
	(69,28 %)		(23,50 %)	(7,22 %)	(100 %)

SERIE H

VALORES COMERCIADOS Y ESPACIO ECONÓMICO EN LA ISLA AMALIA

CUADRO 26

VALORES ANUALES DE LAS IMPORTACIONES Y ESPACIO ECONÓMICO

(En miles de pesos)

Años	Estados Unidos	Inglaterra	España	Otros	Total
1809	177.186	14.873	874	—	192.933
	(91,84 %)	(7,70 %)	(0,46 %)		(100 %)
1810	103.233	4.820	860	18.353	127.266
	(81,12 %)	(3,87 %)	(0,68 %)	(14,42 %)	(100 %)
1811	24.720	32.786	326	1.328	59.160
	(41,78 %)	(55,42 %)	(0,56 %)	(2,24 %)	(100 %)
1812	10.966	20.108	—	1.326	32.400
	(33,85 %)	(62,06 %)		(4,09 %)	(100 %)
1813	43.780	2.873	314	233	47.200
	(92,76 %)	(6,09 %)	(0,66 %)	(0,49 %)	(100 %)
1814	23.380	380	4.746	—	28.506
	(82,02 %)	(1,33 %)	(16,65 %)		(100 %)
1815	50.186	4.866	6.614	800	62.466
	(80,34 %)	(7,79 %)	(10,59 %)	(1,28 %)	(100 %)
1816	8.920	2.133	440	—	11.493
	(77,61 %)	(18,56 %)	(3,83 %)		(100 %)
1817	5.793	1.347	46	—	7.186
	(80,61 %)	(18,74 %)	(0,65 %)		(100 %)

IV. — 13

CUADRO 27

VALORES ANUALES DE LAS EXPORTACIONES Y ESPACIO ECONÓMICO

(En miles de pesos)

Años	Estados Unidos	Inglaterra	España	Otros	Total
1809	11.900	164.150	7.133	833	184.066
	(6,47 %)	(89,17 %)	(3,87 %)	(0,49 %)	(100 %)
1810	6.150	99.283	11.750	4.450	121.633
	(5,05 %)	(81,63 %)	(9,66 %)	(3,66 %)	(100 %)
1811	11.866	29.816	12.500	3.284	57.466
	(20,64 %)	(51,90 %)	(21,75 %)	(5,71 %)	(100 %)
1812	683	13.833	883	467	15.866
	(4,31 %)	(87,18 %)	(5,57 %)	(2,94 %)	(100 %)
1813	19.150	2.100	23.483	467	45.200
	(42,36 %)	(4,65 %)	(51,95 %)	(1,04 %)	(100 %)
1814	3.900	6.066	2.101	7.066	19.133
	(20,38 %)	(31,71 %)	(10,98 %)	(36,93 %)	(100 %)
1815	16.350	550	2.033	483	19.416
	(84,20 %)	(2,84 %)	(10,47 %)	(2,49 %)	(100 %)
1816	21.533	3.266	1.484	850	27.133
	(79,37 %)	(12,03 %)	(5,47 %)	(3,13 %)	(100 %)
1817	16.733	3.400	3.150	4.717	28.000
	(59,76 %)	(12,14 %)	(11,25 %)	(16,85 %)	(100 %)

CUADRO 28

VALORES ANUALES DE LOS TRASBORDOS Y ESPACIO ECONÓMICO

(En miles de pesos)

Años	Estados Unidos	Inglaterra	España	Otros	Total
1813	58.422	9.266	18.400	37.600	123.688
	(47,24 %)	(7,49 %)	(14,87 %)	(30,40 %)	(100 %)
1814	318.912	279.688	150.577	719.334	1.468.511
	(10,26 %)	(21,71 %)	(19,04 %)	(48,99 %)	(100 %)
1815	274.666	38.000	22.600	42.311	377.577
	(72,75 %)	(10,06 %)	(5,99 %)	(11,20 %)	(100 %)

CUADRO 29

VALOR EN PESOS DEL SITUADO ANUAL DE FLORIDA E INGRESOS
TOTALES DE LAS CAJAS REALES DE FLORIDA DESDE 1797 A 1806

Años	Situado	Ingresos totales	Valor proporcional del situado con respecto a ingresos totales %
1797	119.973	138.784	86,44 %
1798	152.203	172.944	88,00 %
1799	197.875	241.710	81,86 %
1800	78.724	102.518	76,79 %
1801	67.178	80.134	83,83 %
1802	271.729	287.681	94,45 %
1803	113.256	130.982	86,46 %
1804	47.384	60.186	78,72 %
1805	95.966	99.606	96,34 %
1806	97.501	119.066	81,88 %

GRÁFICAS

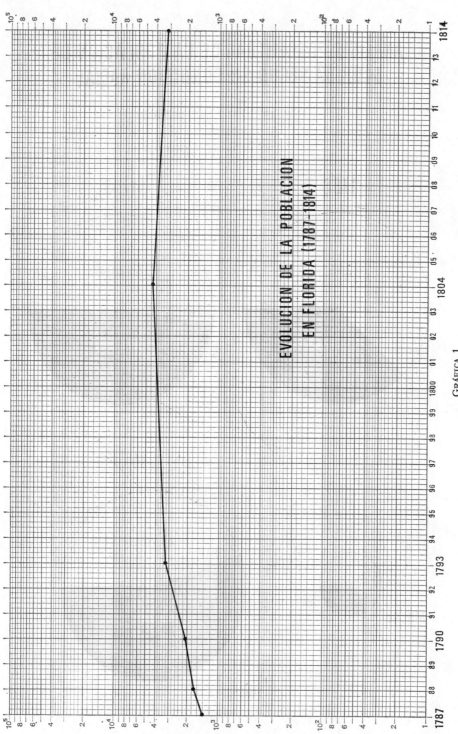

EVOLUCION DE LA POBLACION
EN FLORIDA (1787-1814)

GRÁFICA 1

ANALISIS PORCENTUAL DE LA POBLACION DE FLORIDA SEGUN SU CONDICION RACIAL

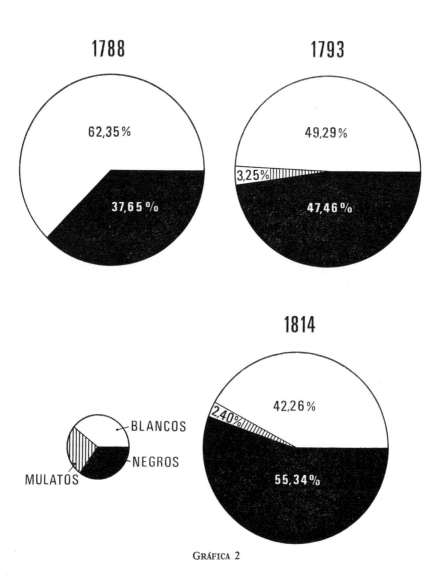

GRÁFICA 2

ANALISIS PORCENTUAL DE LA POBLACION DE FLORIDA SEGUN SU CONDICION SOCIAL

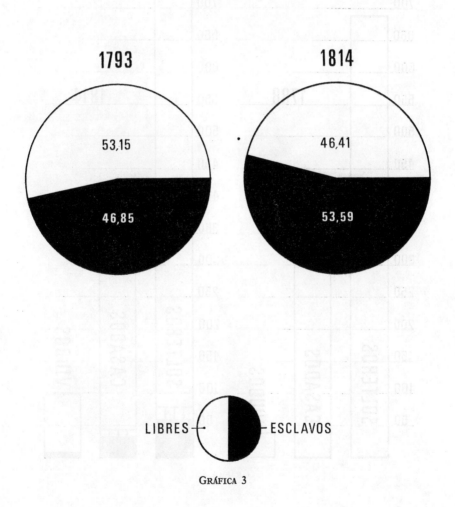

GRÁFICA 3

CONFIGURACION POR ESTADOS
DE LA POBLACION LIBRE EN FLORIDA

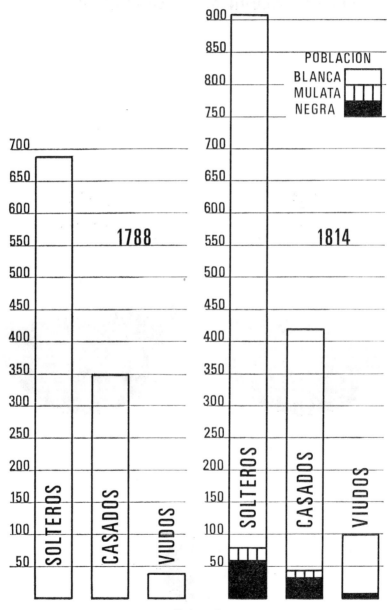

GRÁFICA 4

EVOLUCION DEL NUMERO DE INMIGRANTES LLEGADOS A FLORIDA (1797-1811)

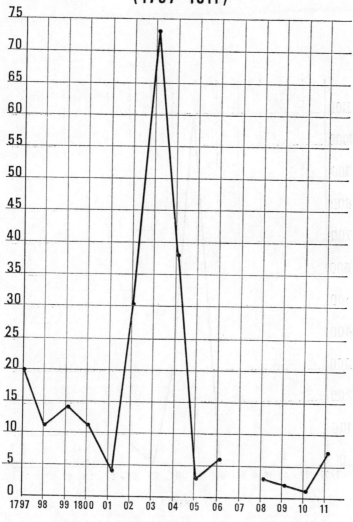

GRÁFICA 5

NÚMERO DE NEGROS INTRODUCIDOS
POR LOS INMIGRANTES (1797 - 1811)

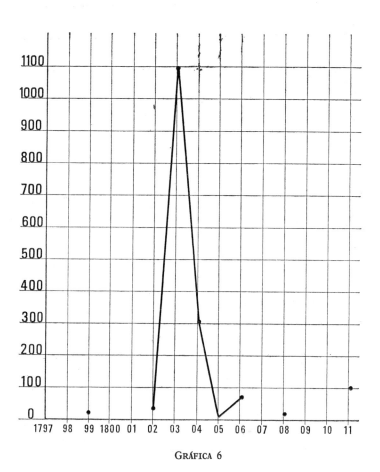

GRÁFICA 6

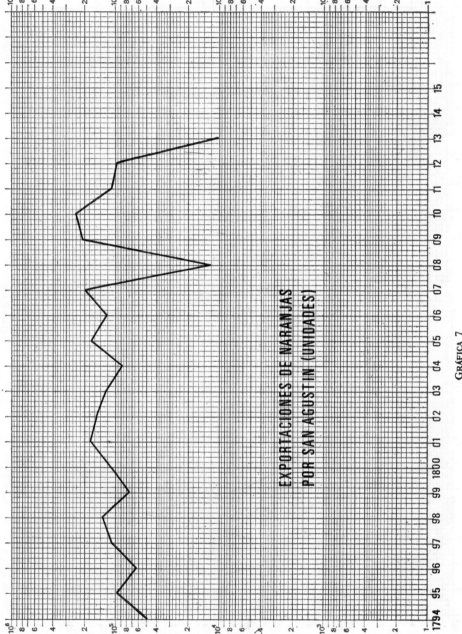

EXPORTACIONES DE NARANJAS
POR SAN AGUSTIN (UNIDADES)

GRÁFICA 7

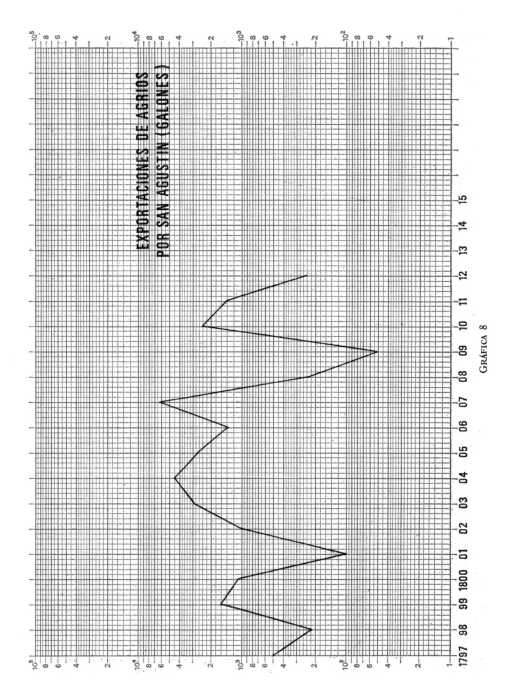

EXPORTACIONES DE AGRIOS
POR SAN AGUSTIN (GALONES)

GRÁFICA 8

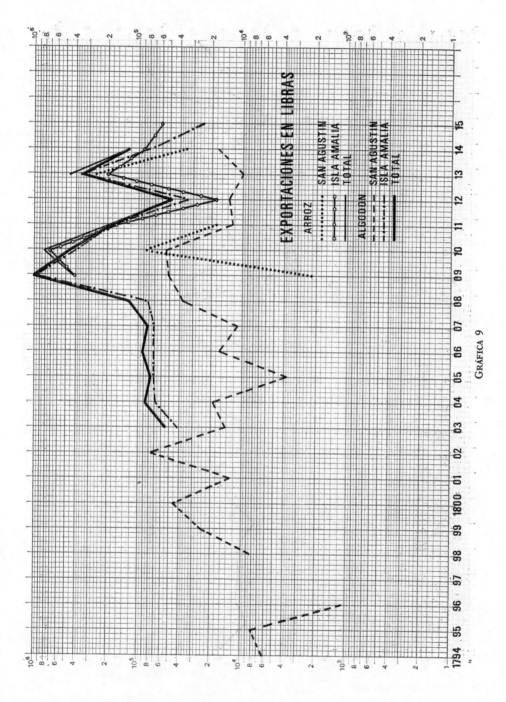

GRÁFICA 9

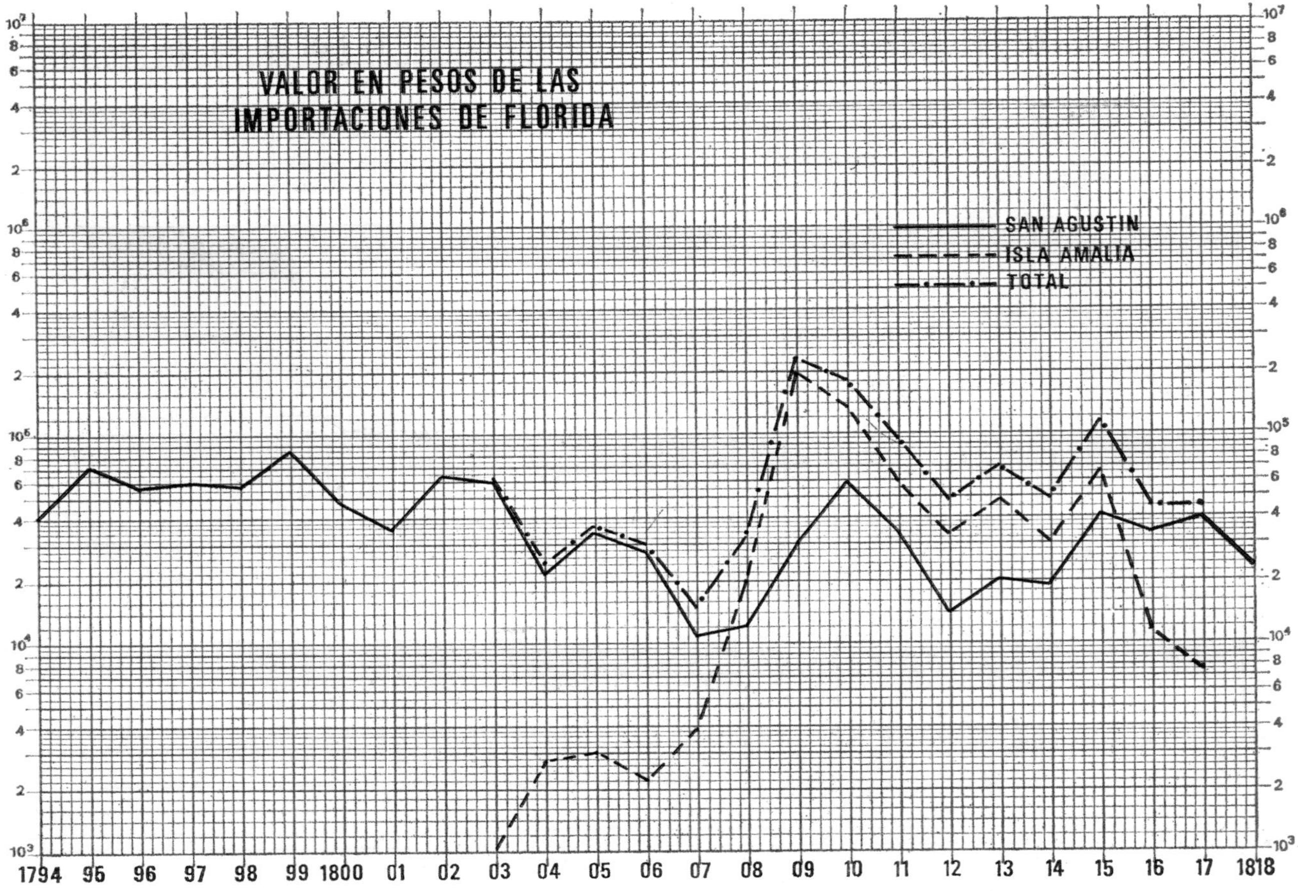

VALOR EN PESOS DE LAS
IMPORTACIONES DE FLORIDA

SAN AGUSTIN
ISLA AMALIA
TOTAL

GRÁFICA 10

PORCENTAJES POR PAISES DEL VALOR DE LAS IMPORTACIONES LLEGADAS A FLORIDA
(1794-1818)

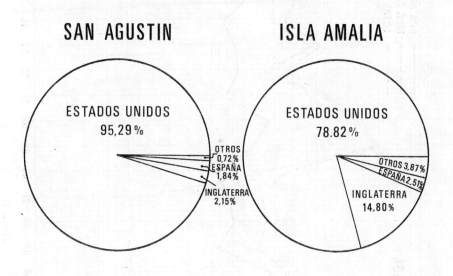

SAN AGUSTIN

ESTADOS UNIDOS
95,29 %

OTROS
0,72 %
ESPAÑA
1,84 %

INGLATERRA
2,15 %

ISLA AMALIA

ESTADOS UNIDOS
78.82 %

OTROS 3.87 %
ESPAÑA 2.51%

INGLATERRA
14,80 %

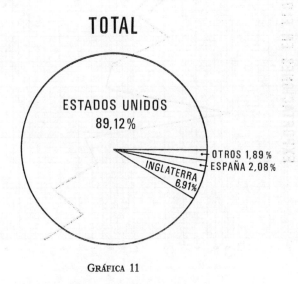

TOTAL

ESTADOS UNIDOS
89,12 %

OTROS 1,89 %
ESPAÑA 2,08 %

INGLATERRA
6.91%

GRÁFICA 11

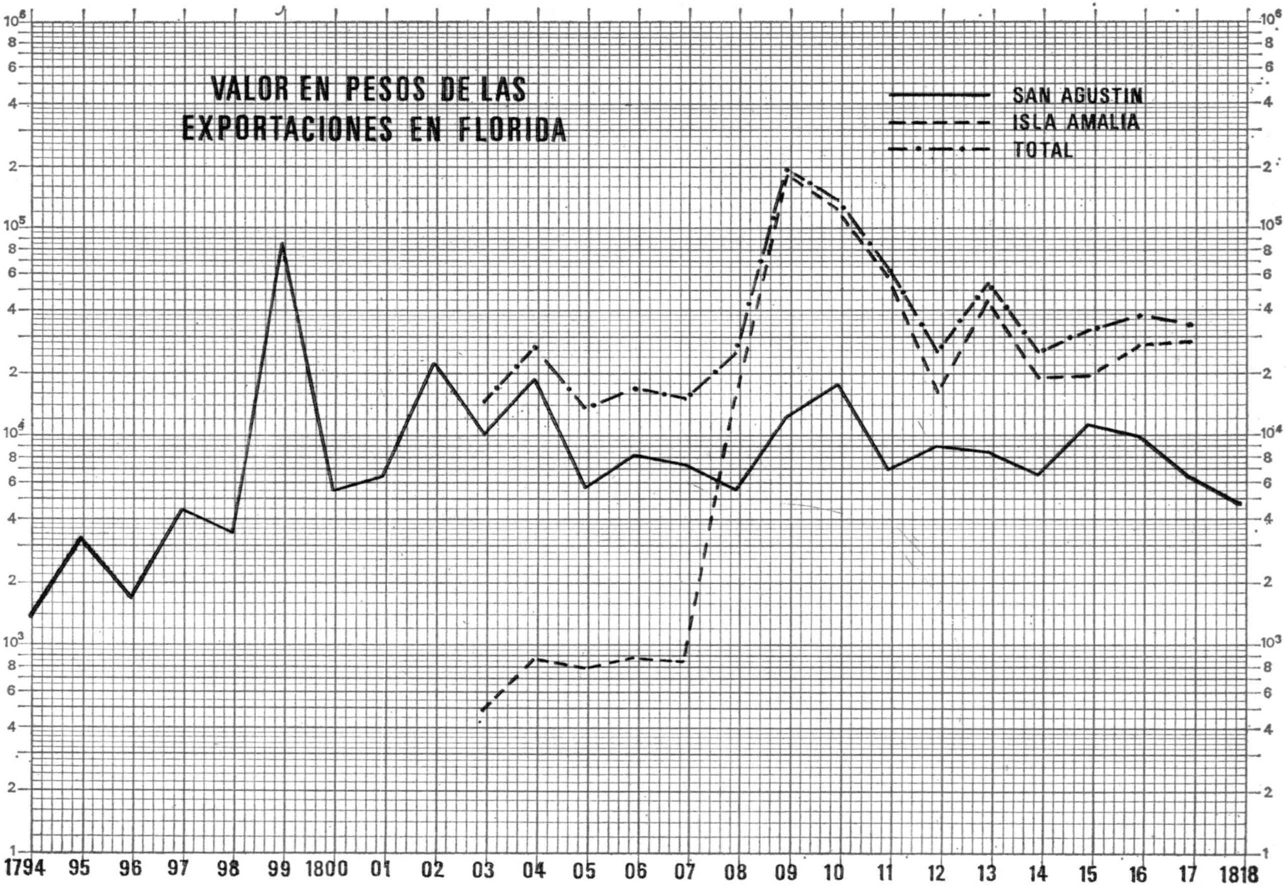

VALOR EN PESOS DE LAS
EXPORTACIONES EN FLORIDA

SAN AGUSTIN
ISLA AMALIA
TOTAL

GRÁFICA 12

PORCENTAJES POR PAISES DEL VALOR DE LAS EXPORTACIONES SALIDAS DE FLORIDA (1794-1818)

SAN AGUSTIN

ISLA AMALIA

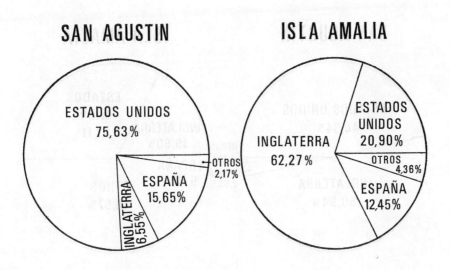

TOTAL

GRÁFICA 13

PORCENTAJES POR PAISES DEL VALOR DE LOS TRANSBORDOS EFECTUADOS EN FLORIDA (1813-1815)

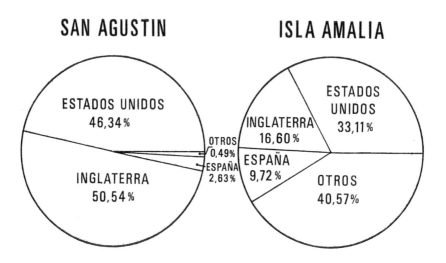

SAN AGUSTIN

ESTADOS UNIDOS
46,34%

INGLATERRA
50,54%

OTROS
0,49%

ESPAÑA
2,63%

ISLA AMALIA

ESTADOS
UNIDOS
33,11%

INGLATERRA
16,60%

ESPAÑA
9,72%

OTROS
40,57%

TOTAL

ESTADOS
UNIDOS
33,71%

INGLATERRA
18,17%

ESPAÑA
9,39%

OTROS
38,73%

GRÁFICA 14

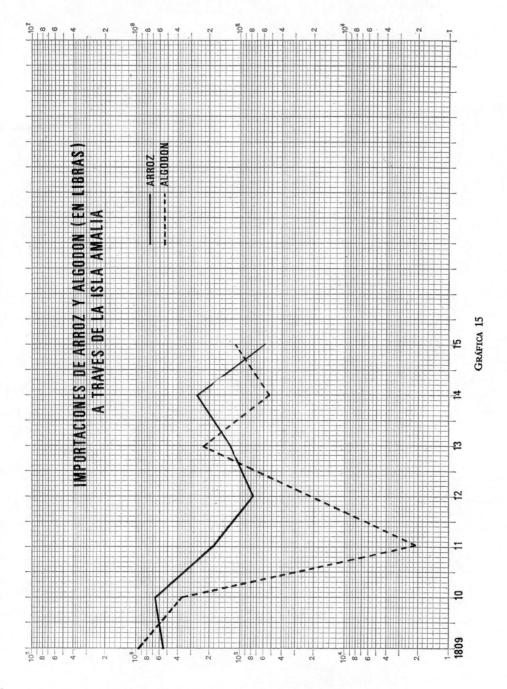

IMPORTACIONES DE ARROZ Y ALGODON (EN LIBRAS)
A TRAVES DE LA ISLA AMALIA

ARROZ
ALGODON

GRÁFICA 15

ÍNDICE GENERAL